Michaela Dietenmeier
Erna Steindlmüller-Werz

So fördere ich mein Kind

So lernt mein Kind richtig sprechen

Merkmale, Übungen, Hilfen und Spiele

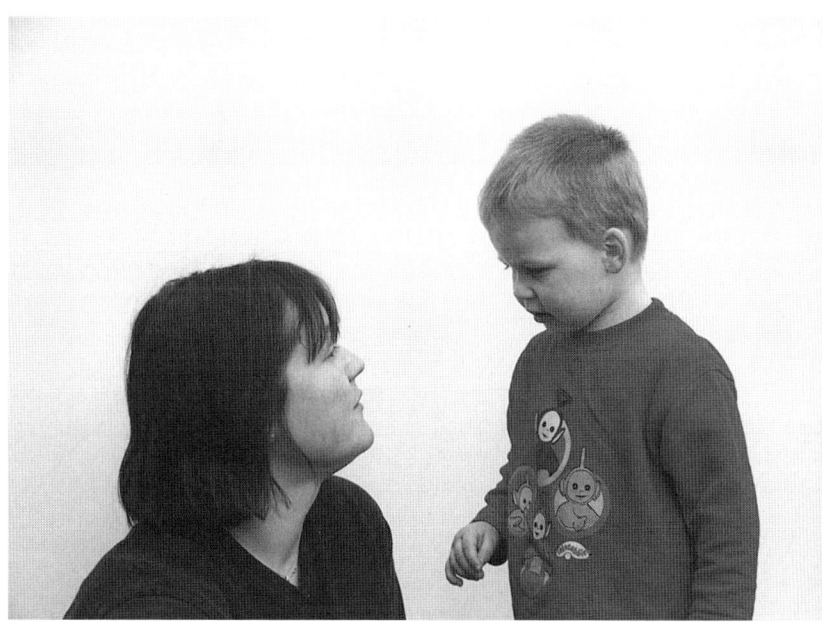

Ravensburger Ratgeber im Urania Verlag

Weitere Bücher zum Thema:
Annerose Keilmann: Kann mein Kind richtig hören? Hörschwächen erkennen – richtig behandeln.
Tests und Spiele, die fördern. ISBN 3-332-01137-5
Gislind Binder / Prof. Dr. med. Richard Michaelis: Lernstörungen. Früh erkennen, gezielt angehen,
erfolgreich ausgleichen. ISBN 3-332-01309-2
Sabine Pauli / Andrea Kisch: Was ist los mit meinem Kind? Bewegungsauffälligkeiten bei Kindern.
ISBN 3-332-00873-0
Elke Müller-Mees: Es fragt die bunte Kuh: „Wer bist denn …?" Sprach- und Wortspiele für Kinder.
ISBN 3-332-01336-X

Die Deutsche Bibliothek – CIP-Einheitsaufnahme
Ein Titeldatensatz für diese Publikation ist bei Der Deutschen Bibliothek erhältlich

www.dornier-verlage.de
www.urania-verlag.de

1. Auflage August 2002
© Urania Verlag, Berlin
Der Urania Verlag ist ein Unternehmen der Verlagsgruppe Dornier.

Die Autorinnen: Michaela Dietenmeier war nach ihrer Ausbildung zur Logopädin zwei Jahre in ei-
ner Frühförderstelle tätig. Seit 1993 hat sie eine logopädische Praxis in Ravensburg, seit 1996 in
Praxisgemeinschaft mit E. Steindlmüller-Werz. M. Dietenmeier ist systemische Therapeutin für
Einzel-, Paar- und Familientherapie. Ihre Kenntnisse und Erfahrungen vermittelt sie auch in Wei-
terbildungskursen. Sie ist Mutter eines Sohnes.
Erna Steindlmüller-Werz ist seit 1986 als Logopädin tätig, seit 1996 in Praxisgemeinschaft mit M.
Dietenmeier. Außerdem engagiert sie sich in der Weiterbildung. Sie ist Mutter von zwei Töchtern.

Umschlaggestaltung: Behrend & Buchholz, Hamburg
Titelfoto: Corbis Stock Market, Roy Morsch
Fotos: Michaela Dietenmeier S. 25, 57, 79, 81, 83, 85, 104, 110, 118; Thomas Werz S. 15, 16, 18, 23,
31, 41, 51, 55, 61, 66, 70, 73, 82, 93, 98, 103, 117; Photodisc S. 9, 121; Redaktionsbüro Stark S. 3, 95
Zeichnung auf S. 11: Martin Schulze, Berlin, nach einer Grafik von Michaela Dietenmeier
Lied auf S. 49: Michaela Dietenmeier
Redaktion: Jeanette Stark-Städele
Satz: Thoms BuchDesign, Berlin
Druck: Westermann Druck Zwickau
Printed in Germany

Gedruckt auf alterungsbeständigem Papier mit chlorfrei gebleichtem Zellstoff

ISBN 3-332-01350-5

Inhalt

Erkläre mir,
und ich werde vergessen;
zeige mir,
und ich werde mich erinnern;
beteilige mich,
und ich werde verstehen.

(überliefert)

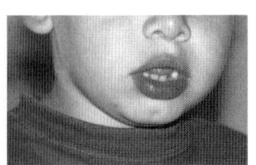

Einleitung

Ohne Sprache ist unsere Welt nicht vorstellbar. Wir benutzen das Instrument Sprache zum Erzählen, Besprechen, Fragen, Schimpfen, Schreien und Loben. Wir zeigen sprachlich unsere Grenzen auf, indem wir sagen, was wir wollen und was nicht. Wir machen Witze und drücken unsere Liebe in Worten aus.

Sprache schafft Beziehung.

Sprechen bedeutet Mit-teilen. Ich teile meine Gedanken und Gefühle mit meinem Gesprächspartner. Insofern hat das Sprechen eine zutiefst verbindende Funktion. Es schafft Beziehung.

Etwa um den ersten Geburtstag ihres Kindes sehen die Eltern voller Erwartung und Vorfreude dem Moment entgegen, in dem das Kind das erste Wort spricht. Und sie sind zutiefst beglückt, wenn das Kind sie das erste Mal Mama bzw. Papa nennt. Sie beobachten gespannt und voller Staunen, wie das Kind sein Umfeld durch die Sprache in Besitz nimmt. Eltern erfahren mit ihrem Kind die Welt nochmals neu in ihren faszinierenden Details. Sie erleben, wie sich ihr Kind die Vorgänge in der Welt erklärt, wie es Zusammenhänge herstellt und die Welt durch Fragen erforscht. Und manchmal sind dies höchst philosophische Fragestellungen, die zum Nachdenken anregen.

Es ist beeindruckend, in welchem Tempo Kinder sich dieses hoch komplizierte System der Sprache aneignen. Machen wir uns bewusst, welche Leistung zu vollbringen ist, um nur einen einzigen Satz zu äußern:

Zunächst habe ich einen Gedanken, den ich mitteilen möchte. Dazu muss ich die entsprechenden Wörter suchen und anschließend planen, welches Wort an welcher Stelle des Satzes zu platzieren ist. Dann muss ich die für die Wörter notwendigen Laute suchen und sie in die richtige Reihenfolge bringen. Danach muss ich die für das Sprechen notwendigen Muskelbewegungen initiieren. Die Satzmelodie, die Betonung der Wörter und die Lautstärke meiner Äußerung sind weitere Aspekte der vorausgehenden Planung. Jetzt erst kann der Satz ausgesprochen werden.

Diese Darstellung ist sehr grob. Tatsächlich laufen die Prozesse noch komplizierter ab. Während ich alle diese Schritte durchlaufe, um den aktuellen Satz zu produzieren, muss ich außerdem gleich-

Beim Spracherwerb und beim Sprechen sind verschiedenste Prozesse exakt aufeinander abgestimmt.

zeitig den roten Faden meines Gedankengangs behalten, um weitere Sätze anschließen zu können. Für die Sprachbeherrschung ist eine enorme Gedächtnisfunktion notwendig, denn die gesuchten Wörter, deren jeweilige Stellung im Satz und die Lautfolge müssen so lange im Gedächtnis behalten werden, bis der ganze Satz entworfen ist.

Erstaunlich ist auch die Wortschatzentwicklung: Ungefähr mit einem Jahr kann das Kind die ersten Wörter sprechen. Mit zwei Jahren benutzt es aktiv bereits ca. 300 und mit drei Jahren etwa 900 Wörter. Danach steigt der Wortschatz noch einmal rasant an, sodass das Kind mit vier Jahren ca. 1500 Wörter aktiv spricht. Der passive Wortschatz, also die Wörter, die das Kind verstehen kann, ist etwa viermal so groß.

Es ist schon ein kleines Wunder, dass bereits mit dem vierten Geburtstag der Prozess der Sprachentwicklung bis auf kleine Unsicherheiten in allen Bereichen (Sprachverständnis, Grammatik, Artikulation, Sprachanwendung) abgeschlossen ist. Danach geht es nur noch um Wortschatzerweiterung und Steigerung der Formulierungsgenauigkeit.

Sprache ist eine Form der Interaktion, d. h. es ist eine Handlung zwischen zwei oder mehreren Beteiligten (inter = zwischen, Aktion = Handlung). Die Sprachentwicklung beginnt aber nicht erst mit dem ersten Wort. „Sprechen" ist auch mit Blicken möglich, mit der Mimik, mit der Stimmmelodie, im Körperkontakt und in der Körperhaltung. Auf diese Weise können Sie schon mit ihrem neugeborenen Kind kommunizieren. Tatsächlich sind diese frühen Interaktionen die Basis für die spätere Sprachentwicklung.

Sprachentwicklung, Sprechentwicklung und Kommunikationsfertigkeit müssen gleichermaßen ausgebildet werden.

Im Grunde geht es bei der Sprachentwicklung um zwei Entwicklungsstränge: die *Sprachentwicklung* und die *Sprechentwicklung*. Sprechen bezieht sich auf die Lautbildung, also auf die Bewegungen des Mundbereichs. Mit Sprache dagegen ist, sehr vereinfacht, das gemeint, was zentral, also im Gehirn, abläuft: wie das Sprachverstehen gelingt, welcher Wortschatz gespeichert und abrufbar ist, welche grammatikalischen Fertigkeiten vorhanden sind.

Man könnte einen dritten Entwicklungsstrang anfügen, der die *Kommunikationsfertigkeit* (Performanz) beschreibt. Er bezeichnet

das Vermögen der Kinder, ihre Sprach- und Sprechfertigkeiten in Kommunikationssituationen einzusetzen.

Kinder haben einen angeborenen Trieb, zur Sprache und zum Sprechen zu kommen, und sich mit diesen Fähigkeiten in Kommunikationssituationen zu bewähren. Eltern haben ein instinktives Gefühl, wie sie ihre Kinder in der Sprachentwicklung unterstützen können. Die Sprachentwicklung ist also im Prinzip naturgegeben.

Wie andere Entwicklungsbereiche auch, ist der Prozess der Sprachentwicklung aber auch störanfällig. Welche Auffälligkeiten vorkommen können und wann sie behandlungsbedürftig sind, wird in diesem Buch aufgezeigt. Dazu werden die für die Sprachentwicklung wichtigen Voraussetzungen und Zusammenhänge, z. B. Bewegung, Wahrnehmung, Spiel, Selbstbewusstsein, Regeln und Struktur usw. aus unterschiedlichen Blickwinkeln beleuchtet. Darüber hinaus erhalten die Eltern und alle, die mit Vorschulkindern zu tun haben, Hinweise und Tipps, wie sie ihre Kinder auf dem Weg des Sprechenlernens begleiten und unterstützen können und was zu tun ist, wenn Probleme auftauchen.

Grundlagen der Sprachentwicklung

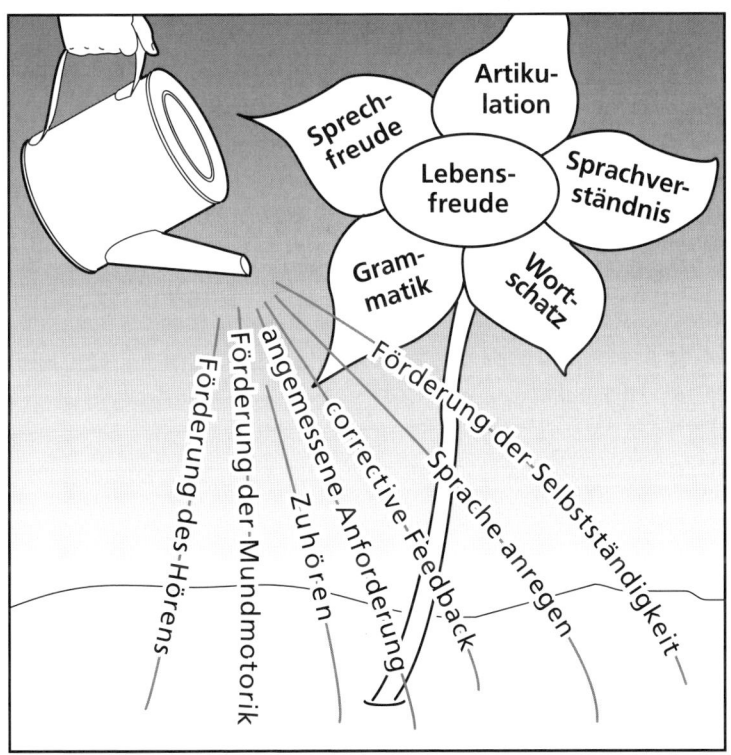

Die Sprachentwicklung ist abhängig von den kindlichen Anlagen und von der Umwelt. Dieser Zusammenhang wird im Bild der Sprachblume veranschaulicht. Damit die Sprachblume zur üppigen Blüte kommt, braucht sie genügend Nahrung durch die Umwelt.

Die Sprachentwicklung beginnt vor der Geburt

Am Ende des zweiten Schwangerschaftsmonats ist der Mundbereich des Kindes bereits empfindsam.

Lange bevor Ihr Kind das erste Wort spricht, sind die Grundsteine für die Sprachentwicklung gelegt. Bereits im Mutterleib ist der Fötus aktiv und sammelt Erfahrungen, die für die spätere Sprachentwicklung grundlegend sind. Ab Ende des zweiten Schwangerschaftsmonats ist der Embryo um den Mundbereich empfindsam, etwas später auch an den Hand- und Fußflächen und bald danach an der gesamten Körperoberfläche. Das Kind tritt über die taktile Wahrnehmung (das Fühlen) mit der Umwelt in Kontakt und erkundet sie bereits durch aktives Greifen. In Ultraschallaufnahmen konnte man beobachten, wie ungeborene Kinder die Nabelschnur umfassen, wie sie Daumen lutschen und gegen die Gebärmutterwand drücken.

Ungefähr in der zwölften Schwangerschaftswoche beginnt der Fötus zu saugen und zu schlucken. So trainiert er die für den Saug- und Schluckakt erforderliche Muskulatur und übt die Funktionen, die er gleich nach der Geburt zum Leben braucht. Wenn das Neugeborene zum ersten Mal an die Brust gelegt wird und zu saugen beginnt, greift es also auf ein ihm vertrautes Bewegungsprogramm aus der vorgeburtlichen Zeit zurück.

Der Fötus zeigt mimische Aktivitäten und beginnt Atembewegungen einzuüben. Dies sind bereits die ersten Vorbereitungen auf das spätere Sprechen. Das Sprechen erfolgt mit der Ausatmung. Indem die Muskulatur im Mund- und Gesichtsbereich bewegt und koordiniert wird, ist Artikulation möglich.

Der Fötus reagiert ab der 22. Schwangerschaftswoche auf Hörreize. Sprachverarbeitung findet bereits im Mutterleib statt.

Ab der 22. Schwangerschaftswoche zeigt der Fötus erste Reaktionen auf Hörreize. Man weiß schon lange, dass der Säugling nach der Geburt die Stimme der Eltern, vor allem der Mutter, erkennt und sich durch ihren Herzschlag beruhigen lässt. Der Hörsinn ist somit der Kanal, über den das Kind nach der Geburt Geborgenheit erfährt, indem es die Eltern, vor allem die Mutter, wiedererkennt. Auch Musik, die dem Kind während der Schwangerschaft wiederholt vorgespielt wurde, erkennt es nach der Geburt wieder. Forschungsergebnisse zeigen, dass das Kind nach der Geburt sogar die Muttersprache, selbst wenn sie von fremden Sprechern gesprochen wird, von anderen Sprachen unterscheiden kann. Beeindruckend ist auch die Erkenntnis, dass bei der Geburt die Sprachverarbeitung bereits in der linken Hirnhälfte stattfindet, so wie es bei über 90 Prozent der Menschen der Fall ist. Das bedeutet, dass Sprachverarbeitung bereits im Mutterleib stattgefunden und das Gehirn sich entsprechend seiner späteren Hemisphärenspezialisierung ausgebildet hat.

> Der Hörsinn ist der für die Sprachwahrnehmung wichtigste Sinn. Die Vorerfahrungen im Mutterleib stehen dem Neugeborenen ab dem ersten Lebenstag zur Verfügung.

Die Bedeutung der Gefühle

Sprache ist das Medium unserer menschlichen Gemeinschaft. Sprechen lernen als Schlüssel zur Kontaktaufnahme ist aber nur möglich, wenn das Kind sich als eigenständige, unabhängige Person erfährt. Nur wenn ich mich als „ich" und mein Gegenüber als „du" erkenne, bestehen die Notwendigkeit und das Bedürfnis des Austauschs. Wenn das Kind spürt, „Ich habe etwas mitzuteilen", „Was ich äußere, nehmen andere wichtig", „Mein Sprechen bewirkt etwas", wird es sprechen lernen.

Sprache erfordert die Unterscheidung von „ich" und „du".

Das Gefühl der Einheit des Neugeborenen mit der Mutter muss dem Wissen und der Erfahrung weichen, ein selbstbestimmtes, selbstbewusstes Wesen zu sein.

So nah wie im Mutterleib ist der Mensch einem anderen Menschen nie wieder, Mutter und Kind sind eins. Dieses Gefühl von körperlicher und emotionaler Einheit bringt der Säugling mit auf die Welt. Er braucht immer wieder die Bestätigung dieser Zusammengehörigkeit, sowohl körperlich als auch emotional. Das kindliche Bedürfnis nach Bindung, d. h. nach liebevollen Beziehungen zu anderen Menschen und der Austausch mit ihnen, ist grundlegende Voraussetzung zur Entwicklung und zur Kenntnis der eigenen Person.

Eltern erfüllen dieses Bedürfnis. Sie suchen den Körper- und Blickkontakt und sprechen von Anfang an mit ihrem Kind. Sie teilen ihm ihre Liebe mit und ihre Freude über diesen neuen Menschen.

Blickkontakt und Lächeln bedeuten, miteinander zu sprechen.

Auch Blickkontakt, Lächeln, das gemeinsame Bilden von Lauten und Tönen bedeuten Austausch und sind eine Form der Sprache.

Kinder, die sich der Liebe und der Zugehörigkeit nicht sicher sind, die keine Bindung zu festen Bezugspersonen aufbauen können, verbrauchen ihre Energie bei der Suche nach ihrem Platz in der Familie. Sie verbrauchen die Kraft, die sie eigentlich benötigen, um sprechen zu lernen und in ihrer Entwicklung fortzuschreiten. Nur aus der Sicherheit und Geborgenheit der Familie heraus wagt sich „Hänschen klein in die weite Welt hinein".

Das Bewusstsein der eigenen Person

Spätestens mit drei Jahren bezeichnet sich das Kind mit „ich".

Der Name, den die Eltern ihrem Kind geben, ist mit Sorgfalt und Liebe ausgewählt. Von Geburt an gehört er eng zum Kontakt und zu den Gesprächen mit dem Baby. Ab etwa 18 Monaten wird sich das Kind selbst mit seinem Namen bezeichnen, nachdem es schon seit einigen Monaten ihm nahe stehende Menschen mit ihrem Namen benennt. Der eigene Name gehört nicht zu den ersten Worten eines Kindes.

Die eindrücklichste sprachliche Errungenschaft mit etwa zweieinhalb bis drei Jahren ist das Wort „ich". Dieses Wort ist das einzige, das nicht durch Imitation gelernt werden kann. „Ich bin nur für mich ich, für dich bin ich du." Es erfordert Erfahrung mit vielen verschiedenen „Du", bis das Kind ganz sicher von sich selbst als selbstbewusstes, einzigartiges „Ich" sprechen kann.

Mädchen oder Junge?

Johanna (zweieinhalb Jahre alt) ordnet ihre Welt:
„Papa – Mann,
Mama – Frau,
Johanna – Sonnenschein. "

Diese Feststellung zeigt, dass Johanna ihre Eltern dem jeweiligen Geschlecht zuordnet. Für sich selbst findet sie, durchaus selbstbewusst, eine eigene Kategorie.

Mit etwa 30 Monaten ordnen Kinder sich selbst dem richtigen Geschlecht zu, während sie bereits mit etwa 26 Monaten Abbildungen von Männern und Frauen sprachlich mit „Mann" oder „Frau" bezeichnen können. Das sichere Wissen des eigenen Geschlechts gehört zur Persönlichkeitsentfaltung und Ich-Entwicklung.

> Sprechen lernen erfordert Mut – Mut zum Ausprobieren, Mut zum Fehlermachen, Mut, Gefühle zu zeigen.
> Sprechen lernen erfordert Neugier – Neugier auf Unbekanntes, Neugier auf sich, Neugier auf andere.
> Sprechen lernen erfordert Vertrauen – Vertrauen in das „Du", Vertrauen in die Welt, Vertrauen in die eigenen Fähigkeiten.

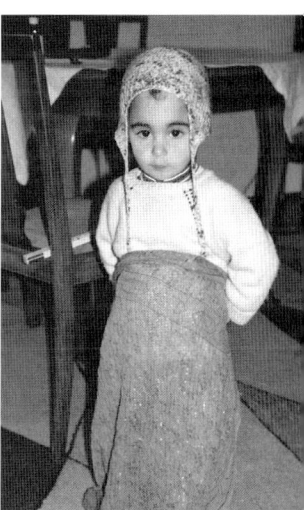

„Frauen" tragen Röcke. Oft kostet es Mühe, ans Ziel seiner Wünsche zu kommen.

Wir helfen unseren Kindern dabei, diese Eigenschaften zu entwickeln, indem wir ihre Gefühle und Bedürfnisse ernst nehmen und unsere eigenen nicht vernachlässigen. Indem wir unsere Gefühle in Worte fassen, können wir sie mit jemandem teilen. Um unsere Gefühle mitzuteilen, benutzen wir Sprache.

Sprache entsteht zwischen den Menschen. Zwischenmenschlichkeit bedeutet Wahrnehmung von und Auseinandersetzung mit Gefühlen – mit meinen Gefühlen und denen meines Gegenübers.

Mitgefühl tut gut und Worte trösten.

Ohne Wahrnehmung keine Sprache

Bei hochgradig hörbehinderten Kindern stoppt die Sprachentwicklung etwa ab dem achten Lebensmonat.

Das wichtigste Sinnesorgan für die Sprachwahrnehmung ist das Ohr. Bei hochgradig hörbehinderten Kindern stagniert die Sprachentwicklung mit ca. acht Monaten. Bis zu diesem Zeitpunkt üben sie die Mundfunktionen wie alle anderen Kinder auch und produzieren dabei Sprachlaute.

Ab dem achten Lebensmonat lauscht das normal hörende Kind auf die Sprache der Bezugspersonen. Es fühlt sich durch deren Sprechen angeregt, selbst die gleichen Laute und Lautverbindungen zu bilden.

Wenn der Hörsinn nicht funktionsfähig ist, fehlt dieser Anreiz. Das Kind stellt dann seine Sprachproduktionen ein.

16

Der Gehörsinn

Der Gehörsinn ist einer der Sinne, die man nicht abschalten kann. Die Augen kann man schließen. Der Geruchssinn ist ein adaptiver Sinn, d. h., dass man sich an Gerüche gewöhnt und sie dann nicht mehr wahrnimmt. Auch das taktile Empfinden, die „Fühlwahrnehmung", ist ein adaptiver Sinn. Wir fühlen z. B. nicht ständig unsere Kleidung auf der Haut. Das Ohr dagegen ist ein ständig wacher Sinn, genauso wie der Gleichgewichtssinn und der kinästhetische Sinn für die Tiefenwahrnehmung, der uns Informationen über die Gelenkstellung und die Muskelspannung gibt.

Der Gehörsinn ist ein ständig wacher Sinn.

Der Gehörsinn ist auch ein psychisch wichtiger Kanal. Vielleicht haben Sie selbst schon bemerkt, dass beispielsweise verschiedene Musik unterschiedliche Stimmungen auslöst. Außerdem konnte man feststellen, dass taube Menschen in der Regel psychisch mehr leiden als blinde Menschen, weil sie sich von der Umwelt stärker abgeschnitten fühlen. Der Hörsinn scheint also ein wesentlicher Sinn für den Kontakt mit der Umwelt zu sein.

Der Gehörsinn ist ein psychisch wichtiger Kanal.

Wie bereits erwähnt (siehe Seite 12), entwickelt sich der Hörsinn bereits in der frühen Schwangerschaft. Das Kind kommt mit Hörerfahrungen auf die Welt. Das Hören ist dann einem Entwicklungsprozess unterworfen. Zunächst zeigt das Neugeborene seine Aufmerksamkeit für akustische Signale. Sobald ein Geräusch hörbar ist, reagiert das Kind, indem es die Augen weit öffnet und lauscht oder vielleicht sogar erschrickt. Schon mit drei Monaten beginnt das Richtungshören. Das Baby erkennt, aus welcher Richtung das Geräusch kommt, und dreht den Kopf zu dieser Seite. Das Kind lernt in den kommenden Monaten, Geräusche, Klänge und Sprachlaute immer differenzierter wahrzunehmen. Sein gewonnenes Vermögen hilft ihm, im Alter von ca. acht Monaten aufmerksam für die ihm vorgesprochenen Sprachlaute zu sein und sie entsprechend nachzuahmen.

Die Nuancen der Unterscheidung werden mit zunehmendem Alter immer feiner. Viele Kinder verwechseln am Anfang der Sprachentwicklung die Laute
* ‚k' und ‚t': „Mein Topf hat wehdetut" (Mein Kopf hat wehgetan),
* ‚s' und ‚sch': „Is hab so söne Suhe" (Ich habe so schöne Schuhe),

17

- ‚r' und ‚h': „ Papa hat den Holler hepahieat" (Papa hat den Roller repariert),
- ‚r' und ‚l': „Ich lutsch jetz lunter" (Ich rutsche jetzt runter).

Häufige Mittel-
ohrentzündungen
behindern die feine
Hördifferenzierung
und können somit
Artikulationsstörun-
gen verursachen.

Mit spätestens dreieinhalb Jahren sollten die die Laute hörend unterscheiden können. Das kann spielerisch überprüft werden, z. B. mit folgendem Spiel:

Das Kind hat ein Hammerspiel vor sich liegen. Der Erwachsene sagt:

„Moritz, hör doch einmal, wie der Hammer klopft: k – k – k – k. So klopft der Hammer. Ich mache jetzt mit meinem Mund verschiedene Geräusche und du darfst ganz gut zuhören. Immer wenn du das Klopfen des Hammers gehört hast, darfst du mit deinem Hammer ein Holzplättchen festnageln. Achtung, jetzt geht es los: f – sch – k – ch – k – p – t – p – k …"

„Hör zu, ich sag dir ein Geheimnis. "

Dabei beginnt man zunächst mit Lauten, die sich sehr verschieden zum Ziellaut (hier ‚k') anhören. Wenn das Kind diese Unterscheidung gut beherrscht, wählt man die Laute, die dem Ziellaut ähnlich sind (hier ‚p', ‚t').

Wichtig ist, dass das Hörorgan an sich funktionstüchtig ist. Häufig haben Kinder im frühen Kindesalter Mittelohrentzündungen, die die feine Hördifferenzierung einschränken können. Diese Kinder fallen dann durch Lautfehlbildungen und -verwechslungen auf oder durch eine insgesamt verwaschene Sprechweise. Sollte die Sprachentwicklung verzögert ablaufen und sollten Sie als Eltern bzw. betreuende Personen den Eindruck haben, dass das Kind evtl. Schwierigkeiten hat, leise Geräusche bzw. feine Geräuschunterschiede wahrzunehmen, ist es sinnvoll, das Kind von einem Hals-Nasen-Ohren-Arzt untersuchen zu lassen.

Die Hörverarbeitung

Manche Kinder scheinen trotz des intakten Hörorgans und der funktionierenden Nervenleitung ins Gehirn schlecht zu hören. Dies kann durch eine zentrale Hörverarbeitungsstörung verursacht werden. Dabei gelangt die Erregung nach einem Schallereignis zwar in die Großhirnrinde und der Hörer ist sich bewusst, dass da gerade etwas Geräuschvolles war.

Kinder können trotz funktionstüchtigem Hörorgan eine Hörverarbeitungsstörung haben.

Wenn es sich um Sprache gehandelt hat, kann das Kind mit einer solchen Verarbeitungsschwäche aber möglicherweise nicht erkennen, ob z. B. dieses große graue Tier nun „Eldedat", „Efan" oder „Elefant" heißt.

Während solche Unsicherheiten in der frühen Sprachentwicklung noch normal sind, sollten dreieinhalbjährige Kinder beim Nachsprechen neuer Wörter keine derartigen Schwierigkeiten mehr zeigen.

„Der Teddybär erzählt dir, wie die Dinge (z. B. im Bilderbuch) heißen. Manchmal macht er Quatsch und sagt die Wörter nicht richtig. Du darfst jetzt genau zuhören und aufpassen, ob der Teddy etwas Lustiges sagt: Das ist ein Holler." (Man zeigt auf einen Roller.) „Ein Boller? Oder heißt er Loller? Heißt er vielleicht Roller?"

Spielidee

Alle Sinne sind gefordert!

Sprechen ist hörbar, sichtbar und fühlbar.

Das Sprechen ist nicht nur über die Ohren wahrnehmbar. Es ist auch zu sehen (visueller Sinn) und zu spüren (taktiler Sinn), wenn andere sprechen, und auch fühlbar, wenn man selbst spricht (taktilkinästhetischer Sinn).

Wenn Sie Ihr Kind auf dem Arm tragen und dabei mit ihm reden oder singen, kann es die Vibrationen Ihres Brustkorbes und Ihres Gesichts spüren. Es spürt den Luftstrom, der sich je nach Laut verändert. Und es sieht (visueller Sinn), wie Sie sprechend den Mund und die Zunge darin bewegen.

Wenn es selbst spricht, wird es sich an Ihnen orientieren. Es wird auch den Mund bewegen und die eigenen Bewegungen wahrnehmen, sowie die Muskelspannungen, die damit verbunden sind, spüren (kinästhetischer Sinn). Es wird auch mit dem Ausströmen des Luftstroms aus dem Mund experimentieren und aufmerksam sein für die Vibrationsbewegungen, die man bei der Stimmgebung im Körper wahrnehmen kann. Ihr Kind wird Ihnen Wörter nachsprechen und sie immer wieder wiederholen, um das Bewegungsmuster und das Klangbild zu speichern.

Lernen ist die Folge einer sinn-vollen Verarbeitung aller Eindrücke im Gehirn.

Der Gleichgewichtssinn (vestibulärer Sinn), der z. B. beim Drehen und Schaukeln angeregt wird, gilt als der wichtigste Sinn für die Regulierung des Wachheitszustands im Gehirn. Das Gehirn braucht für die Verarbeitung der einzelnen Sinnesreize sowie für die verknüpfende Verarbeitung der Reize der verschiedenen Wahrnehmungsbereiche einen optimalen Wachheitsgrad. Auf der Basis der sinn-vollen Verarbeitung gelingt wiederum die Speicherung der Erfahrungen im Gedächtnis. Das ist die Voraussetzung allen Lernens, auch des Sprech- und Sprachelernens.

> Das Sprechenlernen ist ein Prozess, der durch die Verarbeitung vieler Sinneseindrücke unterstützt wird. Wichtig ist dabei nicht nur die Aufmerksamkeit des Kindes, sondern auch die der Eltern und der das Kind betreuenden Personen.

Das Sprechenlernen soll sinn-voll sein. Es soll nicht eine Nachsprechübung sein ähnlich einer Papageiendressur. Kinder sollen erfahren, dass es Sinn macht, sich sprachlich zu äußern, weil man ein Ergebnis damit erzielen kann: Wenn ich sage, dass ich Hunger habe, bekomme ich die Banane. Wenn ich sage, dass ich hingefallen bin, tröstet mich der Papa.

Auch Wortspielereien können sinnvoll sein, da sie lustig sind. Es entstehen dabei interessante Klangbilder und die rhythmisch-melodischen Elemente der Sprache treten in den Vordergrund (z. B. das Lied: Drei Chinesen mit dem Kontrabass / dro Chonosen mot dom Kontroboss usw.).

Sprache braucht Bewegung

Er-fassen, Ent-wickeln, Be-greifen, Er-ziehen … Diese Aufzählung ließe sich fortsetzen. Sie zeigt, dass Aspekte von Bewegung, im direkten oder übertragenen Sinn, in allen Bereichen des menschlichen Daseins vorhanden sind.

Ohne Bewegung ist Leben nicht vorstellbar.

Die Bewegungsentwicklung umfasst die Grob-, Fein- und Mundmotorik. „Grobmotorik" bezieht sich auf die Fähigkeit, die Position des ganzen Körpers zu verändern, zu stabilisieren und zu koordinieren. „Feinmotorik" bezeichnet den Gebrauch der Hände, „Mundmotorik" nennt man die Bewegungssteuerung im Mundbereich.

Grobmotorik: die Bewegung des ganzen Körpers
Das Kind strampelt, zappelt, dreht sich, rollt, kriecht, krabbelt, sitzt, steht auf … Bei all diesen grobmotorischen Handlungen sammelt und verarbeitet es Erfahrungen über sich und seine Umwelt. Es bewegt sich im Raum und verändert ständig seine Position, z. B. krabbelt es hinter den Blumentopf, klettert auf das Sofa, sucht seinen Ball unter der Bank. Es braucht ein sicheres, am eigenen Leib erfahrenes Wissen über vorne und hinten, unten und oben, dann erkennt es auch das „Vorne und Hinten" der Sätze und kann Präpositionen (z. B. auf, unter, neben) richtig anwenden.

So lernt es z. B. die Bedeutung des Wortes „schnell" nicht aus dem Bilderbuch, sondern durch das Spüren der Geschwindigkeit auf der Rutsche oder dem Karussell.

Der Wortschatz wächst mit den handelnden Erfahrungen, die ein Kind mit seiner Umwelt macht.

Die Vielfalt des kindlichen Wortschatzes hängt in bedeutendem Maß von der Vielfalt der Erfahrungen ab, die ein Kind handelnd mit den Dingen machen konnte: Eine Banane kann man essen – aber man kann sie auch schälen, daran riechen, sie mit der Gabel oder zwischen den Fingern zerdrücken, in Stücke schneiden, als Brei essen oder abbeißen. Sie ist süß, weich, gelb, lang, dünn, krumm.

Je mehr Verknüpfungen zu den verschiedensten Zentren des Gehirns geschaffen werden können, desto sicherer ist ein Begriff, ein Wort dort verankert und verleiht dem Kind die Möglichkeit, differenziert und vielseitig seine sprachliche Ausdrucksfähigkeit einzusetzen.

> Kinder müssen Erfahrungen mit der Welt machen, die Dinge begreifen, um sie zu verstehen und dann über sie berichten zu können.

Feinmotorik: die Bewegung der Hände und Finger

Die feinmotorische Entwicklung der Hände vom ersten Strecken und Beugen der Finger bis zum gezielten Greifen oder fein differenzierten Fingerspiel, wie beim Schreiben oder Papierfliegerfalten, erfordert ein gelungenes Zusammenarbeiten beider Hände.

Die rechte Hand ist nicht „schöner" oder besser als die linke Hand.

Der Säugling benutzt beide Hände gleichberechtigt. Mit etwa zwei Jahren beginnt sich die angeborene so genannte Händigkeit abzuzeichnen, mit vier Jahren sollte sie eindeutig festgelegt sein: Ist das Kind Links- oder Rechtshänder?

Dabei gibt es keinen Grund, Rechtshändigkeit als besser zu bewerten als Linkshändigkeit.

So wie das Kind eine Hand bevorzugt und deren Geschicklichkeit besonders intensiv übt, entwickelt sich auch für andere Körperteile oder Sinnesorgane die Bevorzugung auf einer Körperhälfte. So ist jedes Kind auch ein Rechts- oder Linksfüßer und bevorzugt das rechte oder linke Ohr und Auge. Der Fachbegriff für diese Bevorzugung eines Körperteils auf einer Körperseite lautet Dominanz.

Die Bewegungssteuerung für die rechte Körperseite geht von der linken Hirnhälfte aus, die rechte Hirnhälfte kontrolliert die linke Körperseite.

Fingerfertigkeit fördert Sprechfertigkeit und Sprachgeschick.

Ist die Dominanzentwicklung gestört, lässt sich z. B. die Händigkeit nicht feststellen und das Kind malt oder schneidet einmal mit der rechten und dann wieder mit der linken Hand, ist oft die Aufgabenverteilung zwischen den beiden Gehirnhälften, die so genannte Lateralität, gestört.

Auch das „Umtrainieren" von Linkshändern auf die rechte Hand beeinflusst den Vorgang der Lateralisierung. Der willkürliche Eingriff in die Festigung der angeborenen Händigkeit und damit in die Hirnreifung stört einen sonst harmonisch ablaufenden Prozess. Das kann nicht nur zu feinmotorischen Unsicherheiten führen, sondern die gesamte Entwicklung, auch die der Sprache, nachhaltig negativ beeinflussen.

Die Verarbeitung und Ausführung von Sprache benötigt die genau abgestimmte Zusammenarbeit von verschiedenen Bereichen in beiden Hirnhälften (Hemisphären).

Sprache erfordert die differenzierte Zusammenarbeit beider Hirnhälften.

Bei einer ungestörten Hirnreifung übernehmen nach und nach unterschiedliche Gebiete in den beiden Großhirnhälften verschiedene Aufgaben, Steuerungs- und Kontrollfunktionen.

Die anfangs unkoordinierten, unwillkürlichen Bewegungen des Säuglings werden im Lauf der Zeit geplant und kontrolliert.

Mit drei Monaten strampelt er bereits abwechselnd mit den Beinen, mit sechs Monaten ergänzen sich die Funktionen von Muskeln und Gelenken der beiden Körperseiten so gut, dass das Kind sich vom Bauch auf den Rücken drehen kann.

Das Krabbeln, das ab etwa neun Monaten die Fortbewegung bestimmt, ist ein wichtiger Meilenstein in der kindlichen Entwicklung. Krabbeln ist nur möglich, wenn linker Arm und rechtes Bein bzw. rechter Arm und linkes Bein gleichzeitig nach vorne geführt werden können. Man spricht hierbei von einer überkreuzten Bewegung. Bewegungsimpulse aus beiden Hirnhälften müssen sozusagen gleichzeitig an die Muskulatur von Arm und Bein verschiedener Körperhälften weitergeleitet werden. Das fordert und fördert eine genaue Anpassung verschiedener Hirnleistungen und Nervenverbindungen zwischen den beiden Hemisphären.

Kinder, die ausgiebig krabbeln, unterstützen also die Lateralität und damit die gute Zusammenarbeit der beiden Hirnhälften, nicht nur im Bereich der Motorik, sondern in allen Bereichen der Sinneswahrnehmung und -verarbeitung, die auf die Zusammenarbeit der beiden Hemisphären angewiesen sind. Tatsächlich stellt sich bei Kindern mit Sprachentwicklungsverzögerungen häufig heraus, dass sie wenig oder gar nicht gekrabbelt sind.

Eine Entwicklungsstörung in diesem Bereich hat somit weit reichende Folgen auch auf die Sprachentwicklung. Eine unzureichende Lateralität, also eine gestörte Zusammenarbeit der beiden Gehirnhälften, behindert die reibungslose Verarbeitung und Speicherung von Informationen: Sprachverständnis, Grammatik und Wortschatz können beeinträchtigt sein.

Ergotherapeutinnen können bewegungsauffälligen und wahrnehmungsgestörten Kindern helfen, ihre Entwicklungsrückstände aufzuholen.

Mundmotorik: Bewegungen im Mundbereich

Die Mundmotorik ist für das Sprechen natürlich von besonderer Bedeutung. Von Anfang an kräftigen und üben Kinder ihre Muskulatur im Mundbereich, sie saugen, schlucken, lachen, weinen, plappern, nehmen Gegenstände in den Mund und untersuchen sie. Im Zusammenspiel von Spüren und Bewegen entwickeln sich die Fertigkeiten, die es ermöglichen, blitzschnell von einer Zungenhaltung zur nächsten zu wechseln, die Lippenstellung zu variieren und somit letztendlich deutlich zu sprechen.

Grobmotorik und Mundmotorik hängen zusammen.

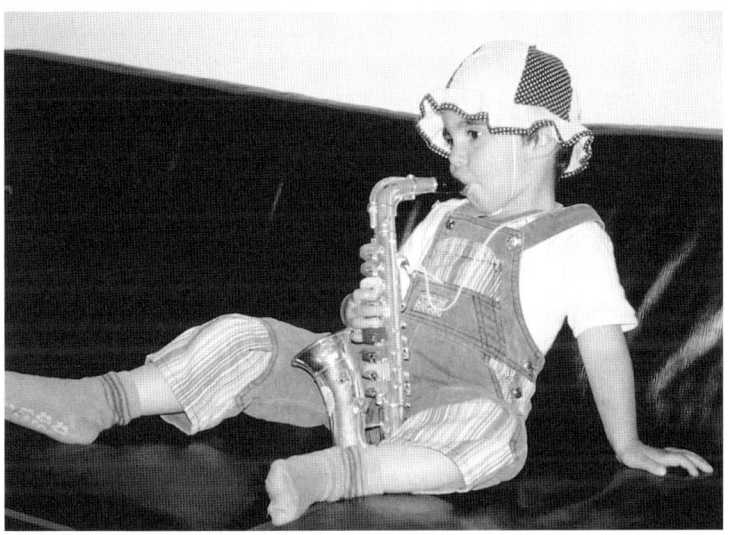

Nur präzise Mundmotorik ebnet den Weg zur Solo-Karriere.

Wenn man ausprobiert, wie viele Bewegungswechsel von Zunge, Kiefer und Lippen nötig sind, um z. B. das Wort „Geburtstag" deutlich zu sprechen, wird verständlich, dass dafür exakte zeitliche Abstimmung und feine Steuerungsvorgänge unerlässlich sind.

Kinder mit eingeschränkter mundmotorischer Geschicklichkeit zeigen oft auch Bewegungsauffälligkeiten in der Grob- und/oder Feinmotorik.

Die Basis der motorischen Entwicklung ist die zuverlässige, sichere Beherrschung der ganzkörperlichen Bewegungen. Darauf aufbauend entwickeln und verfeinern sich fein- und mundmotorische Fähigkeiten.

Spielen fördert die Sprachentwicklung

Kinder setzen sich im Spiel mit der Welt auseinander.

Kinder müssen sich in dieser Welt zurechtfinden. Eines der wichtigsten Instrumente dabei ist das Spiel. Kinder kennen keinen Unterschied zwischen Arbeit und Spiel. Mit großer Ausdauer und Konzentration gehen sie an jede Aufgabe. Dabei entdecken Kinder ihre Fähigkeiten und Möglichkeiten, die Welt zu verstehen und zu verändern. Im Spiel üben die Kinder den Gebrauch von Gegenständen, imitieren und variieren die Handlungen der Erwachsenen und setzen sich mit ihren Spielkameraden auseinander.

„Ich wär der Kocher und du bestellst was!" – Regieanweisungen und Spielregeln sind ohne Sprache, ohne Kommunikation nur schwer zu vermitteln. Spiel- und Sprachentwicklung sind eng verbunden und beeinflussen sich gegenseitig.

Eltern fühlen sich bereits von ihrem Neugeborenen zum Spielen aufgefordert. Sie nehmen Lautäußerungen und Mimik ihres Babys auf, wiederholen und beantworten sie.

Der Tonfall ist dabei vorrangig wichtig. Häufig wird automatisch die Sprache in einer höheren Sprechstimmlage mit übertriebener Melodie angeboten und mimisch begleitet. Das weckt das Interesse des Babys und erleichtert durch die starken Kontraste die Wahrnehmung.

Imitations- und Suchspiele

Imitationsspiele üben den Dialog.

Bereits wenige Monate später finden Imitationsspiele statt, indem das Kind seinerseits auf die Familienmitglieder reagiert und entsprechend seinen Möglichkeiten „antwortet". Im gegenseitigen Nachahmen und Wiederholen von mimischen Bewegungen, Geräuschen oder Lauten spielen Säugling und Bezugsperson bereits den Dialog, das Sich-Abwechseln und Aufeinander-Eingehen.

Ebenso setzt sich das Kind mit der Welt der Dinge auseinander. Die Fähigkeit, Dinge aktiv zu greifen und bewusst wieder loszulassen, bildet sich mit etwa drei bis vier Monaten aus. Das Kind spielt mit den Gegenständen, indem es sie mit seinen Sinnen erforscht: Wie schmeckt, klingt, riecht ein Ding? Wie gut kann man es in den Mund nehmen?

Fällt das Spielzeug hinunter oder nimmt man es dem Kind weg, scheint der Gegenstand sofort vergessen zu sein.

Mit etwa acht bis neun Monaten entdeckt das Kind, dass Sachen nicht verschwunden sind, wenn es sie aus dem Blick verliert, sondern dass sie „irgendwo" noch existieren. Die Fähigkeit, die Vorstellung eines Gegenstands im Gedächtnis zu bewahren, nennt man „Objektpermanenz". Sie ist Grundlage für die spätere Kommunikation, wenn es nötig wird, Vorstellungen im Gedächtnis zu bewahren oder aufzubauen, um sie mit einem Gesprächspartner sprachlich teilen zu können.

Dinge verschwinden nicht einfach, wenn man sie nicht mehr sieht.

Das Spiel „Ich werfe meine Rassel aus dem Kinderwagen und du hebst sie immer wieder auf" basiert auf der Fähigkeit der Objektpermanenz. „Guck-guck"- und Suchspiele bereiten den Kindern nun größtes Vergnügen. Sie fördern die Vorstellungsfähigkeit und bilden somit eine Basis für die Sprachentwicklung.

„Guck-guck, wo bin ich? Such mich!"

Mit etwa neun Monaten ist das Kind in der Lage, im Spiel Handlungen, die ihm interessant erscheinen, mit verschiedenen Dingen zu wiederholen, mit verschiedenen Gegenständen Tätigkeiten auszuprobieren, diese zu variieren und damit immer besser Bescheid zu wissen über die Eigenschaften der Gegenstände.

In den ersten neun bis zehn Monaten stehen die Erfahrungsbereiche eines Kindes parallel nebeneinander:

- auf der einen Seite die Beziehung mit den Personen seiner Umwelt,
- auf der anderen die Auseinandersetzung mit der Welt der Gegenstände.

Die gleichzeitige Beschäftigung mit einem Gegenstand und einer Person klappt jedoch noch nicht:

Peter (acht Monate alt) sitzt auf dem Boden und spielt mit der Barbiepuppe seiner Schwester. Er nimmt sie in den Mund, klopft mit ihr auf den Boden, rupft an ihren Haaren und ist ganz in sein Tun vertieft. Die Mutter kommt dazu und kommentiert seine Handlung: „Bäh, die Puppe schmeckt doch nicht, die hast du ja schön zugerichtet." Peter wendet seine ganze Aufmerksamkeit der Mutter zu, lächelt sie an und die Puppe in seiner Hand scheint vergessen zu sein.

Mit etwa zehn Monaten beginnt das Kind, mit den Eltern gemeinsam mit einem Gegenstand zu spielen.

Es gelingt Peter noch nicht, im Kontakt mit der Mutter das Spiel mit dem Gegenstand fortzuführen, der ihn gerade eben noch so fasziniert hat.

Mit etwa neun bis zwölf Monaten hat das Kind so viel Informationen über die Welt der Dinge und die Welt der Personen gesammelt, dass es diese beiden Bereiche nun verbinden kann:

Wenn der einjährige Peter an den Haaren der Puppe rupft, richtet er den Blick auf die Mutter, als wollte er fragen: „Was sagst du dazu, findest du das gut?", und er blickt wieder auf die Puppe und nochmals auf die Mutter.

Er fordert durch diesen Blick die Mutter zum gemeinsamen Spiel mit dem Gegenstand auf und er erwartet eine Äußerung der Mutter, die sich auf den Gegenstand oder auf sein Tun bezieht. Das Kind verbindet mit seinem Blick erstmals den Gegenstand, dem sein Interesse gilt, mit der anwesenden Person. Es schafft ein „Dreieck" zwischen sich, dem Gegenstand und einer beteiligten Person. Diese Verbindung wird „triangulärer Blickkontakt" genannt und ist äußerer Anzeiger für die Fähigkeit, zwischen sich, dem anderen und den Dingen zu unterscheiden und diese drei Aspekte zu verbinden. Dies ist ein bedeutender Schritt auf dem Weg zur Sprache, denn mit jemandem über etwas zu sprechen ist nur auf der Basis dieser Fähigkeit möglich.

Funktionsspiele

Spielen bedeutet nun Beobachten und Nachahmen alltäglicher Handlungen.

Spielen bedeutet nun für das Kind, die Erwachsenen bei ihren alltäglichen Handlungen zu beobachten und diese nachzuahmen.

Andrea (13 Monate) hat das Telefon zum bevorzugten Spielzeug gewählt. Interessiert beobachtet sie, dass dieser Gegenstand für die Eltern ein wichtiges Instrument im Alltag bedeutet. Immer wieder hebt nun auch Andrea den Hörer ab und hält ihn in die Nähe von Ohr oder Hals. Sie reicht den Hörer ihrem Vater mit auffordernder Blick, so als wollte sie sagen: „Los, komm, wir spielen Telefonieren. Wie nennst du dieses Ding? Heißt es heute noch genauso wie beim letzten Mal? Was machst du damit? Jetzt bin ich wieder dran."

Dies bezeichnet man als Funktionsspiel: Das Kind wiederholt immer wieder die scheinbar gleichen Tätigkeiten mit den Gegenständen, wobei die Handlung zwingend mit dem Gegenstand verbunden ist, d. h., das Kind wird nicht mit dem Löffel Telefonieren spielen, sondern nur mit dem Telefonhörer.

Jeder Gegenstand im Haushalt kann dabei zum Spielzeug werden und die Erwachsenen werden in das Spiel einbezogen, indem das Kind etwas hergibt oder auf etwas zeigt. Die Erwachsenen verstehen dies als Aufforderung, diesen Gegenstand zu benennen und gemeinsam mit dem Kind damit zu spielen.

Zur gleichen Zeit beginnt das Kind einzelne Wörter zu sprechen und Dinge oder Tätigkeiten zu benennen. Mit etwa 15 Monaten beginnt es, seine Handlung sprachlich zu begleiten mit Lautmalereien wie „brmm-brmm" beim Spielen mit den Autos oder mit Babysprache wie „ai-ai" beim Spiel mit der Puppe. Die Tätigkeit erfordert nicht mehr seine ganze Aufmerksamkeit. Jetzt hat es Energie frei, Sprache in sein Spiel einzubeziehen.

Wenn es der Mutter den Löffel hinstreckt und „Namm" sagt, wird die Mutter dieses Wort so interpretieren, wie sie die Situation beurteilt. Vielleicht fragt sie, ob das Kind Hunger hat, oder sie fragt: „Was machst du mit dem Löffel?", oder sie nimmt vielleicht den Löffel in den Mund und greift das Spiel auf:

Mutter: „Hmm, das Essen schmeckt fein. Das ist feines Essen. Ich will noch einmal etwas von dem leckeren Essen." Sie macht den Mund weit auf und streicht sich über den Bauch.

Mutter: „Oh, der Brei ist heiß, ich muss blasen." Sie bläst auf den Löffel. „Jetzt schmeckt der Brei gut."

Mit etwa 18 Monaten wird das Kind das Ergebnis seiner Handlungen wahrnehmen. Wenn es beginnt, beim Essen mit dem Spinat auf dem Tisch zu malen oder mit dem Tee begeistert einen See auf dem Boden zu erzeugen, hat es erkannt, dass es etwas bewirken und die Welt verändern kann. Es ist stolz auf seine Tat. Die Reaktion der Eltern entspricht oft nicht seinen Erwartungen, aber auch das gehört zum Spiel. Es lernt, sich mit den Folgen seines Tuns auseinander zu setzen.

Das Kind erkennt, dass es die Welt verändert.

Die Aufmerksamkeit für das Handlungsergebnis verändert das Spiel des Kindes. Hat es bisher den Löffel an den Mund seiner Puppe geführt, so geschah dies nur deshalb, weil der Löffel diese Handlung „verlangte". Nun erkennt das Kind, dass das Füttern etwas bewirkt, z. B. dass das Essen gut schmeckt oder dass Hunger gestillt wird.

Das Kind muss sich jetzt also während seiner Tätigkeit „Füttern" gleichzeitig in die Situation der Puppe versetzen können. Es muss in sein Spiel die Erfahrung integrieren: „Was bedeutet es, gefüttert zu werden?"

Es entwickelt eine Vorstellung der Dinge als Voraussetzung dafür, so „zu tun, als ob" (symbolische Handlung).

Das Kind erkennt nicht nur, dass sein Spiel die Welt verändert, sondern auch, dass es mit Sprache Wirkung erzielt. Ein Wort erscheint nun im Wortschatz, das wie kein anderes Macht über die Welt verleiht, das Wörtchen „nein".

Das Kind interessiert sich dafür, wie die Dinge sind. Hat es die Blumen gegossen, wird es vielleicht der Mutter die leere Gießkanne hinstrecken mit den Worten: „Tanne babala." (Die Gießkanne ist leer.) Um das ausdrücken zu können, muss es Wörter verbinden.

Das Symbolspiel

So tun, als ob – der Beginn des Symbolspiels

Das „Symbolspiel" eröffnet ab etwa zwei Jahren eine neue Dimension für Eltern und Kind. „So-tun-als-ob-Handlungen" werden aneinander gereiht, wobei sich eine Handlung aus der vorhergehenden ergibt, ohne geplant zu sein.

Robin (26 Monate) spielt mit seinem Puppengeschirr. Er kocht. Robin rührt in einem Töpfchen, schüttet dann aus dem leeren Topf Essen auf einen Teller.

Robin: „Edden deatit." (Das Essen ist fertig.)

Er nimmt seine Puppe und beginnt, sie mit einem Löffel zu füttern.

Robin: „Is dut?" (Ist es gut?)

Robin legt den Löffel weg, legt die Puppe ins Bett und deckt sie zu. Unmittelbar später holt er sie wieder heraus und füttert sie wieder.

Robin: „Baby, tomm, edden." (Baby, komm, essen.)

Um den zweiten Geburtstag erwacht auch das Interesse für die Beziehungen anderer Menschen zu den Dingen oder zwischen anderen Personen. Das Kind beginnt, nicht mehr nur sich selbst als Mittelpunkt aller Handlungen und Situationen wahrzunehmen.

Paul (zweieinhalb Jahre) erlebt auf dem Spielplatz, wie ein Nachbarskind von der Schaukel fällt. Interessiert beobachtet er, wie die Mutter ihr weinendes Kind auf den Schoß nimmt, es streichelt, wiegt und tröstet. Plötzlich verzieht sich Pauls Gesicht und auch er beginnt zu weinen. Der Vater kann ihn schnell wieder trösten. In den nächsten Tagen will Paul immer wieder diese Situation spielen.

„Wo fliegst du hin, kleiner Freund?"

Paul erlebt, dass einem anderen etwas zustößt. Er versetzt sich in dessen Lage und kann im Spiel ausprobieren, wie er sich an dessen Stelle fühlen würde. So entwickelt sich Einfühlungsvermögen.

Für die Sprache bedeutet das, dass zwei Worte nicht mehr ausreichen, um mitzuteilen, was jemand mit einer anderen Person oder mit einem Gegenstand tut. Dazu sind Mehrwortäußerungen nötig:

„Papa Auto wet." (Papa ist mit dem Auto weggefahren.) Oder: „Mama Anna tagen." (Mama soll Anna tragen.)

Das Rollenspiel

Im Rollenspiel planen und spielen die Kinder mit ihren Spielkameraden und schlüpfen in unterschiedliche Rollen.

Bald werden die Spielsituationen komplexer, Rollenspiele bestimmen hauptsächlich das Spielverhalten.

Dreijährige lassen sich von vorhandenen Gegenständen zum Spiel inspirieren und schlüpfen in die verschiedensten Rollen: Bauarbeiter, Prinzessin oder Pferd – alles ist möglich.

Die Kinder planen und differenzieren. Sie können die Ideen Gleichaltriger aufnehmen, überdenken und in ihr Spiel einbauen. Sie wünschen den Kontakt zu Spielkameraden, setzen sich mit ihnen auseinander, brauchen Freundschaften.

Sprechen wird zum Bestandteil des Spiels und verändert sich je nach Rolle: Die traurige Prinzessin spricht anders als die böse Hexe.

Die Sätze des Kindes werden länger, die Aneinanderreihung der Wörter genügt nicht mehr, um genaue Informationen über Ereignisse und Situationen weiterzugeben. So wie das Spielen gewissen Regeln folgt, entsprechen auch nach und nach die Sätze den Regeln der Grammatik.

Vier- bis Fünfjährige können völlig in einer Rolle aufgehen und das Spiel mit ihren Mitspielern ausbauen. Besonders faszinierende Spielhandlungen können, falls nötig, unterbrochen und am nächsten Tag fortgesetzt werden.

Jetzt sind Gegenstände wichtig zur Ergänzung und Verdeutlichung der Spielhandlung, als Ausgangspunkt aber nicht mehr notwendig.

Da das Kind mehr und mehr erkennt, dass andere Personen nicht den gleichen Informations- und Wissensstand haben, wird es nötig, immer komplexere Zusammenhänge zu erklären.

Mit vier Jahren ist die Sprachentwicklung so weit abgeschlossen, dass das Kind seine Sätze, auch in unterschiedlichen Zeiten (Vergangenheit, Zukunft), fast immer richtig bilden kann.

Regelspiele

Regelspiele (Memory, Domino, Würfelspiele) mit ihren genau und unumstößlich vorgeschriebenen Spielregeln erlauben es, sich mit anderen zu messen. Gewinnen und verlieren wollen geübt sein! Um die Spielregeln zu verstehen, muss das Kind über ein ausgereiftes Sprachverständnis verfügen.

Verlieren ist oft nicht einfach.

Für Fünf- bis Sechsjährige wird die Sprache zum Mittel, um ihr Spiel auszubauen, Spielregeln zu erklären, Rollenspiele zu planen und miteinander abzustimmen.

Manchmal erfordert die gemeinsame Planung eines Spiels viel Zeit. Die Kinder nehmen quasi in ihren Köpfen das Spiel voraus, indem sie ihre Vorstellungen austauschen und den Ablauf besprechen. Das eigentliche Spiel ist dann oft kürzer als die Vorbereitung.

Sprachliche und geistige Flexibilität ermöglichen es ihnen, während eines Rollenspiels ständig die Ebenen wechseln:

Paula spielt mit zwei Freundinnen Schule. Sie ist die Lehrerin, die anderen beiden sollen die Schülerinnen sein. In ihrer Rolle als Lehrerin sagt sie: „Ihr müsst jetzt ein schönes Bild malen!" Als eine Freundin mit dem Stift auf den Tisch klopft, wechselt Paula sofort die Ebene und weist das Mädchen zurecht: „Hör auf, du brichst meinen Stift ab!" Auf der dritten Ebene stellt sie sich über die Spielsituation und meint als „Regisseurin": „Ihr tätet jetzt nicht gehorchen und Blödsinn machen und ich würde euch schimpfen. "

Die Rolle der Erziehung

Sprache basiert auf bestimmten, im jeweiligen Kulturkreis festgelegten Regeln. Und die Einhaltung von Regeln ist immer eine Form der Erziehung. Die gesprochenen Wörter werden nur dann als richtig wahrgenommen, wenn sie entsprechend der jeweiligen Sprache verwendet werden. Eine dialektgefärbte Aussprache ist auch möglich.

Eine Sprache zu lernen bedeutet, ihre Regeln einzuhalten.

Als korrekt gelten: Schaufel.

Schwäbisch: Scheifele.

Nicht richtig wären Benennungen wie: Faufe oder Saufel.

Auch die Stellung der Wörter im Satz kann nur in einer bestimmten Weise mit gewissen Varianten erfolgen, die als richtig gelten:

Ich esse einen Apfel.

Einen Apfel esse ich.

Andere Satzmuster werden als falsch wahrgenommen:

Ich einen Apfel esse.

Esse einen Apfel ich.

Regeln sind wichtig

Regeln und Rituale geben dem Kind Sicherheit.

Damit Kinder aus dem Gesprochenen bestimmte Strukturen als wiederkehrende Muster erkennen können, brauchen sie einerseits ein gutes Sprachvorbild durch die Bezugspersonen. Andererseits müssen sie Erfahrungen mit Strukturen und Regeln auch in anderen Bereichen gemacht haben. Sie müssen lernen, dass sich bestimmte Abläufe ähneln und dass sie insofern auch in gewissem Rahmen vorhersagbar sind, z. B. hinsichtlich des Tagesablaufs. Diese ritualisierten Vorgänge schaffen beim Kind Vertrauen in die Verlässlichkeit der Welt.

Das Kind muss auch lernen, welche Freiräume es hat und wo die Grenzen sind. Häufig fühlen sich Eltern provoziert, wenn das Kind Dinge tut, von denen es genau weiß, dass es sie nicht tun soll, und dabei nach den Eltern schaut. Das Kind prüft auf diese Weise, ob die Welt noch in Ordnung ist und ob die Grenzen noch dort sind, wo es sie erwartet. Es fühlt sich verunsichert, wenn die Grenzen ständig wechseln. Es fühlt sich auch verunsichert, wenn die Bezugspersonen keine Grenzen setzen, vielleicht mit dem Ziel, die Entwicklung des Kindes nicht einzuschränken. Gerade dadurch aber schränken sie die Entwicklung ein, da das Kind ständig sucht, welches eigentlich der Raum ist, in dem es sich entwickeln kann, wo also die Grenzen sind.

Natürlich sollen Regeln nicht rigide durchgezogen werden. Bestimmte Situationen erfordern Ausnahmen. Selbstverständlich müssen sich Regeln auch ändern im Laufe der Kinderentwicklung. Ein Baby braucht völlig andere Regeln als ein Schulkind bzw. ein Jugendlicher.

Vielleicht kann Ihnen die nachfolgende Aufstellung der „Forderungen eines Kindes an seine Eltern" eine Hilfestellung bieten, die passenden Regeln für Sie und Ihre Familie zu finden. Anschließend sollen einige Zusammenhänge zur Sprachentwicklung ausgeführt werden.

Forderungen eines Kindes an seine Eltern

1. Verwöhnt mich nicht! Ich weiß sehr wohl, dass ich nicht alles bekommen kann, wonach ich frage. Ich muss noch lernen, dass nicht alle meine Bedürfnisse erfüllt werden.

2. Seid nicht ängstlich, im Umgang mit mir standhaft zu bleiben! Mir ist diese Haltung lieber, weil ich mich dann sicherer fühle.

3. Helft mir, ein Verhalten zu entwickeln, mit dem ich auch gut mit anderen Menschen zusammensein kann! Ich brauche eure Regulierung.

4. Weist mich nicht im Beisein anderer Leute zurecht, wenn es sich vermeiden lässt! Ich werde euren Worten viel mehr Bedeutung schenken, wenn ihr zu mir leise unter vier Augen sprecht.

5. Seid nicht fassungslos, wenn ich euch sage: „Ich hasse euch!" Ich hasse euch nicht, sondern eure Macht, manchmal meine Pläne zu durchkreuzen.

6. Bewahrt mich nicht vor den Folgen meines Tuns! Ich muss auch manchmal peinliche Erfahrungen machen, um daraus zu lernen.

7. Nörgelt nicht! Wenn ihr das tut, schütze ich mich, indem ich mich taub stelle.

8. Macht keine raschen Versprechungen! Bedenkt, dass ich mich im Stich gelassen fühle, wenn Versprechen gebrochen werden.

9. Lenkt mich nicht ab, wenn ich euch meine Trauer und meinen Schmerz zeige! Sonst denke ich, dass das schlechte Gefühle sind, und werde sie unterdrücken.

10. Seid nicht inkonsequent! Das macht mich unsicher und lässt mich mein Vertrauen zu euch verlieren.

11. Unterbrecht mich nicht, wenn ich Fragen stelle! Ich denke dann, es interessiert euch nicht, und werde mich nicht mehr an euch wenden.

12. Versucht nicht immer so zu tun, als seid ihr perfekt und unfehlbar! Ich möchte von euch lernen, wie man mit den eigenen Unzulänglichkeiten umgehen kann.
13. Denkt nicht, dass es unter eurer Würde sei, euch bei mir zu entschuldigen! Eine Entschuldigung weckt in mir das Gefühl von Achtung und Zuneigung.
14. Vergesst nicht: Ich liebe Experimente! Ich kann ohne sie nicht groß werden. Bitte haltet das aus!
15. Vergesst nicht, wie schnell ich aufwachse! Es muss für euch schwer sein, mit mir Schritt zu halten. Bitte tut es!
16. Vergesst nicht, dass ich ohne eine Menge verständiger Liebe nicht gedeihen kann! Aber das muss ich euch ja wohl nicht sagen, nicht wahr?

(Text unbekannter Herkunft, verändert durch M. Dietenmeier)

Inwiefern stehen diese Forderungen, außer dem bereits angesprochenen Bezug zur allgemeinen Regelhaftigkeit der Sprache, in Zusammenhang mit der Sprachentwicklung?

Die Sprachentwicklung hängt eng mit der Entwicklung der Selbstständigkeit zusammen.

In den ersten drei Regeln geht es um die wichtige Erkenntnis des Kindes, dass es als eigenständige Person getrennt ist von den anderen Menschen. Es erfährt, dass andere Menschen andere Bedürfnisse haben und dass es den sprachlichen Austausch braucht, um Klärung zu schaffen. Im frühen Sprachentwicklungsalter formuliert das Kind seine Anliegen in Sätzen wie „Ich will ..." oder „Nein, das will ich nicht". Das vierjährige Kind beginnt zu argumentieren zur Durchsetzung seiner Ziele. Es entstehen Diskussionen und das Kind spürt so: „Es wird wichtig genommen, was ich sage." Auf diese Weise erweitern sich sein Wortschatz und seine grammatikalischen Fertigkeiten. Außerdem steigert der sprachliche Austausch die Geschicklichkeit der Sprachanwendung (Pragmatik). Gleichzeitig erfährt das Kind seine Eltern als stabile, vertrauenswürdige Vorbilder. Sie werden als Orientierung gebende Leitfigur anerkannt und das Kind möchte so werden wie sie. Insofern wirken sie als ein Entwicklungsmotor des Kindes (siehe auch Regeln 8 und 10).

Auch Eltern müssen lernen, dass ihr Kind selbstständig wird. So natürlich es ist, das allmähliche Loslassen der Kinder, so schwer ist es manchmal auch. Kinder haben einen ungebremsten Entwicklungsdrang. Sie wollen groß werden und suchen sich neugierig Situationen, an denen sie wachsen. Dabei brauchen sie Bezugspersonen, die ihnen dies auch zutrauen. Die Sprachentwicklung hängt wesentlich mit der Entwicklung der Selbstständigkeit zusammen. Ich muss selbstbewusst sein, damit ich mir zutraue mitzuteilen, was mich bewegt.

Sie können dem Kind z. B. kleine Aufträge zur Erledigung geben: „Du darfst beim Bäcker fünf Brezeln bestellen." Oder: „Geh bitte zur Nachbarin und frag, ob sie eine Zitrone hat." Kinder sind stolz darauf, solche Aufträge erfüllen zu können.

Die Regeln 4, 5, 7 und 9 handeln vom Mitteilen von Gefühlen. In unserem Kulturkreis sind auch wir Erwachsene häufig nicht geübt, unsere Gefühle zu zeigen und auszudrücken. Vermutlich können von diesen Regeln also beide Seiten profitieren. Es lohnt sich auch, sich Gedanken darüber zu machen, in welcher Weise man Kritik übt. Sie können versuchen, sich in das Kind hineinzuversetzen, wie es sich fühlen wird, wenn Sie es kritisieren. Könnte es sich abgewertet fühlen? Oder ungeliebt? Versuchen Sie, Formulierungen zu finden, die ein bestimmtes Verhalten kritisieren, aber nicht die Person als Ganzes. Möglicherweise ist es wirkungsvoller, einen Wunsch zu äußern. Wenn das Kind z. B. schreit, weil es nicht ins Bett will, könnte man ihm sagen: „Ich würde mir wünschen, dass du zur Zubettgehzeit gleich mitkommst, dann könnten wir noch eine gemütliche Lese- und Kuschelzeit haben. Das wäre doch schön, nicht wahr?" Dies wirkt ganz anders, als wenn ich sage: „Du regst mich auf! Jeden Abend das gleiche Geschrei! Geh jetzt sofort ins Bett!"

Die dritte Regel, die von der Entwicklung eines Verhaltens spricht, das der Integration in die Gemeinschaft dient, betrifft, vor allem ab ca. vier Jahren, direkt die Sprache. Über die Sprache kann ich mich in einer Menschengruppe zurechtfinden, mich einbringen und austauschen. Wer in diesem Alter nicht ausreichend sprachliche Fertigkeiten entwickelt hat, läuft Gefahr, zum Außenseiter zu werden. Gerade deshalb ist es auch wichtig, dass Kinder, bei denen abzuse-

Eltern sind Vorbilder beim Versprachlichen von Gefühlen.

Regeln einzuhalten hilft bei der Integration in die Gemeinschaft.

hen ist, dass sie bis zum vierten Geburtstag noch größere Schwierigkeiten mit der Sprachentwicklung haben werden, in einer logopädischen Praxis vorgestellt werden, um abzuklären, ob sie therapeutische Unterstützung brauchen.

Die normale Sprachentwicklung

Erkläre mir,
und ich werde vergessen;
zeige mir,
und ich werde mich erinnern;
beteilige mich,
und ich werde verstehen.

(überliefert)

Um die Sprachentwicklung beurteilen zu können,
ist es wichtig, auch die Entwicklung von Motorik,
Wahrnehmung, Emotionalität sowie das Spielver-
halten zu berücksichtigen. Hier erfahren Eltern,
worauf sie achten müssen und welche Angebote
sie ihrem Kind im entsprechenden Alter machen
können.

Das Alter von der Geburt bis zu drei Monaten

Es ist ein unfassbares Wunder, wenn ein kleiner Mensch auf die Welt gekommen ist. Und kaum ist Ihr Baby da, äußert es sich zum ersten Mal. Natürlich ist dieser erste Schrei auch ein Meilenstein in der Sprachentwicklung. Die Lungen sind nun frei von Fruchtwasser und füllen sich mit Luft. Das Zwerchfell, der Haupteinatemmuskel, spannt sich, er drückt die inneren Organe nach unten und massiert und aktiviert sie auf diese Weise.

Eltern können das Schreien ihres Babys als Mitteilung interpretieren.

Als Eltern können Sie schon bald das Schreien interpretieren. Sie erkennen, ob Ihr Kind ein aktuelles Bedürfnis hat, z. B. Durst, ob es eher zornig ist oder jammert, weil es vielleicht kränkelt. Das zeigt, dass das Kind schon in diesem frühen Alter mit seinen Äußerungen Reaktionen der Umwelt hervorrufen kann. Dies ist eine der Funktionen der sich später entwickelnden Sprache: Wenn ich mich äußere, z. B. meine Bedürfnisse und Wünsche mitteile, kann ich bei meinen Gesprächspartnern etwas erreichen.

Stillen und Füttern

Das Neugeborene kräftigt beim Saugen die Artikulationsmuskulatur.

Sofort ist das Neugeborene bereit, kräftig an der Brust zu saugen. Während der Schwangerschaft hat es diese Funktion bereits geübt. Durch das Saugen wird die gesamte Muskulatur des Mundraums, also der Lippen, der Wangen, der Zunge, des Gaumens und des Rachens, trainiert. Dies wird später wichtig, um auch feste Speisen kräftig abbeißen und kauen zu können und um einen Lippenschluss zu haben. Eine gute Beweglichkeit der gesamten Mundmuskulatur ist auch die Voraussetzung für eine gute Aussprache.

Wenn Sie Ihr Kind nicht stillen wollen oder nicht stillen können, ist es wichtig, auf einen guten Sauger zu achten. Das Lippenschild sollte so breit sein, dass die Lippen nicht um das Schild, sondern nur um den Sauger schließen. Das Loch darf nur so groß sein, dass die Flüssigkeit nicht von selbst läuft. Das kräftige Saugen des Kindes ist wichtig für die muskuläre Entwicklung.

Auch „Fläschchenbabys" haben das Bedürfnis, mit der Haut der Mutter oder des Vaters in Berührung zu kommen, da Neugeborene sehr sensibel sind für Gerüche und unter anderem über den Geruch die Eltern wiedererkennen. Achten Sie darauf, dass Sie beim Fläschchengeben die Seiten wechseln, wie es beim Stillen automatisch geschieht: Das Baby liegt einmal auf Ihrem rechten, einmal auf dem linken Arm. Das ist wichtig, damit sich keine einseitige Haltung beim Kind entwickelt, die verbunden ist mit einem muskulären Ungleichgewicht. Eine solche Einseitigkeit könnte sogar Auswirkungen auf die Entwicklung des Ober- und Unterkiefers haben und letztlich mitverursachender Faktor sein für Störungen der Aussprache.

Achten Sie auf den richtigen Sauger.

Beispiele für gut geeignete Sauger mit breitem Lippenschild

Kontakte und Anregungen bieten

Früher dachte man, Neugeborene seien passive Wesen. Vielleicht sind Sie überrascht, wie neu-gierig, im wahrsten Sinn des Wortes, sich Ihr Neugeborenes verhält: Es schaut Sie an und sucht mit seinem Blick Ihre Augen. Am besten gelingt ihm dies am Anfang aus ca. 20 cm Entfernung zu ihrem Gesicht. Man vermutet, dass Eltern ein intuitives Wissen darüber haben, da sie das Kind meist genau in diesem Abstand halten, wenn sie es ansprechen. Dieser Blickkontakt ist ein wesentliches Zeichen für Bindung, für In-Kontakt-Sein. Ein Le-

Neugeborene sind neugierig.

ben lang wird Blickkontakt die Aufmerksamkeit und Zuwendung signalisieren und somit eine wichtige Basis der Kommunikation sein. Fehlender Blickkontakt ist ein Hinweis für eine Kontaktstörung.

Zunächst erkennt Ihr Kind vor allem Hell-dunkel-Kontraste. Die ersten Spielsachen sollten also schwarz-weiß sein. Farben kann es in dieser Phase noch nicht erkennen. Erst am Ende des ersten Lebensmonats erkennt das Kind die Farbe Dunkelviolett, vor allem, wenn sie im Kontrast mit Gelb angeboten wird, dann Rot und erst mit ungefähr vier Monaten auch die Farben Blau und Grün.

Über das Vor- und Nachmachen kommt das Kind zur Sprache.

Es ist faszinierend, die mimische Aktivität der Neugeborenen zu beobachten, die sich auch im Schlaf ständig zeigt. Ihr Baby beginnt bereits zu imitieren, was Sie vormachen. Treten Sie also von Anfang an immer wieder in dieser Weise in Kontakt zu Ihrem Kind: Halten Sie Ihr Kind vor sich und öffnen und schließen Sie den Mund. Ihr Kind findet das interessant, weil die Mundhöhle ein dunkler Raum ist im sonst hellen Gesicht. Es kann ihn gut wahrnehmen. Sie können auch mit der Zunge wackeln, das Baby sanft anblasen, die Lippen flattern lassen (wie beim Vormachen eines Motorengeräuschs) usw.

Bestimmt haben Sie viele lustige Ideen, mit Ihrem Kind zu spielen. Schauen Sie auch aufmerksam, was Ihr Baby Ihnen vormacht, und machen Sie es ihm nach. Sie teilen Ihrem Kind auf diese Weise mit: „Ich sehe, was du machst. Es ist toll, was du kannst. Ich probiere es auch. Ich nehme dich wichtig." Schon jetzt beginnt ein Wechselspiel, eine Kommunikation. Die Imitation ist besonders im ersten Lebensjahr, aber auch darüber hinaus, ein wesentlicher Motor zum Lernen. Nur über das Vor- und Nachmachen kann Ihr Kind den Umgang mit der Welt und letztlich die Sprache erlernen.

Die erste Lallphase

Im dritten Monat beginnt die erste Lallphase. Ihr Kind probiert die Funktionen des Mundraums aus. Dabei entstehen ganz verschiedene Geräusche. Mehr als an den Geräuschen ist Ihr Kind in dieser Phase an der Motorik interessiert, also prüft es, welche Körperteile sich wie bewegen lassen und wie sich dies dann anfühlt. Interessant ist, dass alle Kinder aller Kulturen in dieser Zeit die gleiche

Lautvielfalt produzieren. Das heißt, dass die Lautproduktionen noch nicht sprachspezifisch sind.

Lieder und Musik sind von Anfang an interessant für Ihr Baby. Es liebt es, wenn Sie mit ihm singen und es rhythmisch zum Lied oder zur Musik schaukeln. Auf diese Weise lässt es sich auch gut beruhigen. Sie können von Anfang an ein Einschlafritual mit dem Kind gestalten, indem Sie ihm ein bestimmtes Lied vorsingen. Dieses Lied wird dann auch später zum Signal für das Zubettgehen.

Lieder und Musik sind von Anfang an eine wichtige Bereicherung.

Bewegung und Berührung

Ihr Baby ist ständig in Bewegung. Allmählich lernt es, den Kopf besser zu kontrollieren, und kann ihn in Bauchlage bereits selbst etwas anheben und halten. Es kann sich dabei auch schon kurz auf die Unterarme stützen. Es strampelt abwechselnd mit den Beinen, d. h., dass beide Hirnhälften gut zusammenarbeiten und abwechselnd Bewegungsimpulse geben. Wenn Sie Ihrem Kind Ihre Hand oder ein Spielzeug zeigen, versucht es mit drei Monaten bereits zu greifen und es zum Mund zu führen. Die meisten Erfahrungen sammelt das Kind nun über den Mund.

Ihr Baby liebt es, gestreichelt zu werden. Sie können es, wenn es nackt auf dem Wickeltisch liegt, an den verschiedenen Körperteilen streicheln und z. B. dazu sprechen: „Wo ist dein Bauch? Ja, da ist der Bauch! Wo sind die Beine? Da sind deine Beine. Du hast schöne Beine!"

Es gibt verschiedene Babymassagen (z. B. nach Leboyer), die in Büchern vorgestellt werden und häufig auch in Volkshochschulkursen vermittelt werden. Neben der liebevollen Zuwendung, die das Kind auf diese Weise erfährt, ermöglichen Sie Ihrem Kind damit, seinen Körper zu erfahren. Dies ist ein wesentlicher Schritt zur Ich-Entwicklung.

In den ersten drei Monaten lernt das Kind:
- saugen und schlucken
- schreien mit unterschiedlichen Botschaften
- Hell-dunkel-Kontraste zu erkennen, in einer Entfernung von ca. 20 cm

---

- Lalllaute zu produzieren
- das Gegenüber zu imitieren
- den Kopf zunehmend besser zu halten
- wechselseitig (= alternierend) zu strampeln
- Dinge zu greifen (noch unkoordiniert) und zum Mund zu führen

Sie können Ihr Kind unterstützen, indem Sie:
- für die „richtigen" Sauger sorgen (wenn Sie nicht stillen) und beim Fläschchengeben die Seiten wechseln
- mit Ihrem Baby Imitationsspiele machen
- Ihr Kind streicheln und liebkosen
- mit Ihrem Kind sprechen
- mit Ihrem Kind singen und es rhythmisch schaukeln

Das Alter von drei bis sechs Monaten

Ihr Kind übt seinen Körper zunehmend aktiv zu bewegen. Die Kopfkontrolle und die Fähigkeit, das Gewicht des Oberkörpers abzustützen, werden besser. Mit sechs Monaten kann sich das Kind allein vom Rücken auf den Bauch drehen und umgekehrt. Es ist nicht mehr auf fremde Hilfe angewiesen, um die Position zu wechseln. Es nimmt wahr, dass es dadurch Blickwinkel- und Blickrichtung aktiv verändern kann. Die Erfahrungen, die es über die Welt um sich herum sammelt, werden vielseitiger. Die Informationssammlung, die später zur Begriffsbildung und damit zum Wortschatz führt, wird angeregt.

Das Bedürfnis nach der eigenen Fortbewegung erwacht.

In der Bauchlage kann das Baby sein Gewicht auf einen Arm verlagern und mit der anderen Hand gezielt nach einem Spielzeug greifen. Die Entfernung kann es noch nicht abschätzen, sodass es auch nach Dingen greift, die zu weit entfernt sind. Es ärgert sich, wenn es die Dinge nicht erreicht. Das Bedürfnis zur eigenen Fortbewegung wird geweckt. Mit sechs Monaten kann es sich in der Bauchlage auf beide Hände stützen und Brust und Bauch von der Unterlage abdrücken.

Die Welt über den Mund erforschen

Was dem Baby in die Finger kommt, wird in den Mund gesteckt und untersucht. Dies ermöglicht dem Kind, Informationen über sich selbst, die Welt und ihre Gegenstände zu erhalten. Es lernt durch die Erforschung mit dem Mund erkennen, dass seine Hände und Füße zu seinem Körper gehören, im Gegensatz zu den Gegenständen seiner Umgebung. Diese Erfahrungen sind notwendig, damit das Kind sich als eigenständiges Wesen erfährt. Nur als „sich selbstbewusster" Mensch wird es das Bedürfnis entwickeln, mit der Umwelt in Kontakt zu treten, und sprechen lernen.

Alles wird in den Mund genommen und untersucht.

Sie können Ihr Kind unterstützen, indem Sie seine Körperteile z. B. beim Anziehen „suchen" und sagen: „Wo ist denn dein Fuß?" Oder: „Da sind ja Annas Finger wieder."

Mit dem Erforschen der Welt mit dem Mund übt Ihr Kind den Gebrauch seiner Mund- und Gesichtsmuskulatur. Es spürt seinen Mundraum und trainiert Zungen- und Mundbewegungen. Für die richtige Artikulation, also die Lautbildung, ist es wichtig, dass Lippen-, Zungen-, Wangen- und Kieferbewegungen gut funktionieren und genau aufeinander abgestimmt sind.

Sie haben inzwischen begonnen, Ihr Kind mit dem Löffel zu füttern. Dies wird zunehmend wichtiger, obwohl das Saugen (sei es an der Brust oder aus der Flasche) noch notwendiger Bestandteil der Ernährung ist. Vielleicht hat Ihr Kind schon einen oder mehrere Zähne, die es auch benutzen will und soll. Die Erfahrungen von unterschiedlichem Geschmack und Beschaffenheit der Nahrungsmittel (süß, herzhaft, weich, fest, flüssig) schulen die Wahrnehmungsfähigkeit am und im Mund und sind wichtig, damit Ihr Kind diesen Teil seines Körpers kennen lernt. Nur was ich genau kenne, kann ich sicher benutzen und einsetzen.

Wie schmeckt denn das? Ihr Kind trainiert seine Wahrnehmungsfähigkeit im Mund.

Lächeln und Plappern

Die Reflexe im Mundbereich verschwinden, Ihr Kind kann seine Mundbewegungen willkürlich steuern. Sein Lächeln erscheint nicht mehr zufällig, sondern drückt seine Freude darüber aus, dass Sie sich mit ihm beschäftigen. Es probiert und übt seine Bewegungsmöglichkeiten mit Lippen und Zunge und bildet dabei verschiedene Laute. Mit

Im sechsten Monat erwacht das Interesse für den Klang und den Rhythmus von Sprache.

vier Monaten verbindet es, anfangs zufällig, Laute zu Silben wie „ba", „ga". Mit sechs Monaten beginnt es Silben zu wiederholen („baba", „momo"). Wenn Sie Ihr Kind ansprechen, wird es mit unterschiedlichen Lauten und Silben antworten. Es entstehen „richtige" Unterhaltungen mit abwechselndem Sprechen und Zuhören.

Singen Sie Ihrem Kind vor oder sprechen Sie rhythmische Verse, z. B.:

Kommt ein Mäuslein, baut ein Häuslein.

Kommt ein Mücklein, baut ein Brücklein.

(Die Finger krabbeln langsam den Arm hinauf.)

Kommt ein Floh und der macht so!

(Die Finger kitzeln bei „so" ganz plötzlich am Hals.)

Gesichter zu betrachten ist eine Lieblingsbeschäftigung und alle, auch fremde Gesichter, werden mit einem Lächeln begrüßt. Die Augen beobachten genau, die Ohren lernen das Lauschen.

Lauschen

„Horch, horch, horch, was hör ich da?"

Für das Kind sind alle Geräusche höchst interessant. Die auditive Diskriminationsfähigkeit – die Unterscheidungsfähigkeit für Gehörtes – muss sich entwickeln, damit Ihr Kind später Laute voneinander unterscheiden und dann auch sprechen kann. Die Laute ‚t' und ‚k' klingen ähnlich, und damit aus dem „Tamtehrer" der „Kaminkehrer" werden kann, benötigt Ihr Kind ein feines Unterscheidungsvermögen.

Ihr Kind wird neugierig ausprobieren, wie es selbst Geräusche produzieren kann. Mit dem Kochlöffel auf den Boden, auf ein Kissen oder auf die Möbel zu klopfen klingt immer wieder anders. Spiele, wie z. B. miteinander hohe oder tiefe Töne zu singen, mit den Lippen zu plustern oder mit der Zunge den Klang der Stimme zu verändern, helfen Ihrem Kind, seine Fähigkeiten zu erweitern.

Ihr Kind lernt:
- sich vom Rücken auf den Bauch zu drehen und umgekehrt
- genau zu beobachten
- seine Freude durch ein Lächeln zu zeigen

- Gegenstände mit dem Mund zu untersuchen
- vom Löffel zu essen
- Laute zu Silben zu verbinden und willkürlich zu wiederholen
- verschiedenste Geräusche mit der eigenen Stimme zu produzieren
- Geräusche mit „Werkzeugen" zu erzeugen
- Geräusche und Laute zu unterscheiden
- sich für den Rhythmus von Sprache zu interessieren

Sie können Ihr Kind unterstützen, indem Sie:
- mit ihm singen und Fingerspiele machen
- es unterstützen, Erfahrungen mit dem Mund zu machen
- ihm unterschiedliche Nahrungsmittel anbieten
- seine Körperteile benennen
- miteinander Geräusche mit Gegenständen und dem Mund ausprobieren
- und – selbstverständlich – viel mit ihm sprechen

Das Alter von sechs bis neun Monaten

Ihr Kind lacht mit lautem Glucksen und zeigt so, wenn ihm etwas gefällt. Es ist unmittelbar ansteckend, dieses Lachen des Kindes, und fordert geradezu auf, sich als Bezugsperson weitere lustige Spiele für das Kind auszudenken.

Das Kind kann laut lachen.

Das Fremdeln
Gegenüber fremden Personen reagiert Ihr Kind ab dem siebten Lebensmonat ängstlich. Es weint, schaut weg oder reagiert heftig mit Schreien und Sich-Versteifen, wenn ihm fremde Personen zu nahe kommen. Selbst wenn ein Elternteil über das Wochenende verreist war, fremdelt das Kind ihm gegenüber bei der Rückkehr. Die Fremdelphase ist eine wichtige Etappe in der Entwicklung. Sie zeigt, dass das Kind weiß, wo es hingehört. Es erkennt, wer ihm vertraut ist, und unterscheidet davon, wer fremd ist. Das Fremdeln ist ein „normales Bindungsverhalten", und es ist auffällig, wenn Kinder nicht

Das Kind fremdelt.

fremdeln. Mit dem Fremdeln beginnt das Kind einzuschätzen, welche Situationen möglicherweise bedrohlich sind. Es ist insofern ein Hinweis auf seine geistige Entwicklung, da das Fremdeln genaue Wahrnehmungsleistungen und Gedächtnisfunktionen voraussetzt.

Bewegen und Greifen

Das Greifen ist ein wichtiger Meilenstein in der Entwicklung des Babys, der auch bedeutend ist für die Begriffsbildung.

Ihr Kind möchte vorankommen und seine Umwelt erkunden. Im siebten Monat kann sich das Kind durch eine Schraubbewegung auf den Bauch drehen. Im achten Monat entdeckt es das Rollen als Mittel der Fortbewegung im Raum. Immer wieder versucht es auch schon aus dem Vierfüßlerstand zu krabbeln, was ihm im neunten Monat gelingt.

Das Kind kann ab dem siebten Monat mit beiden Händen Dinge greifen und halten. Indem es die Dinge von einer in die andere Hand gibt, sie mit beiden Händen vor den Augen bewegt, sie evtl. in den Mund nimmt und Verschiedenes damit ausprobiert (klopfen, werfen, schütteln, auf dem Boden hin- und herrutschen usw.), erfährt es etwas über die Beschaffenheit der Dinge. Es ist faszinierend zuzusehen, mit welcher Konzentration und Ausdauer das Kind dabei handelt. Diese Erfahrungen, die aus dem Experimentieren mit den Gegenständen resultieren, bereiten die Begriffsbildung, also die Benennung der Gegenstände mit Wörtern, vor.

Das Kind lernt Gegenstände kennen, indem es mit ihnen experimentiert.

Ab dem neunten Monat greift das Kind kleine Gegenstände mit Daumen und Zeigefinger im Zangengriff. Auch diese Verfeinerung der Bewegungen steht in Zusammenhang mit der Sprachentwicklung. Man konnte feststellen, dass die Handfunktionen mit den Mundfunktionen in enger Verbindung stehen. Sie kennen auch aus eigener Erfahrung oder aus der Beobachtung anderer das Phänomen, dass bei besonders kniffligem Tun die Zunge mitarbeitet. Vereinfacht kann man den Zusammenhang folgendermaßen beschreiben: Im Gehirn liegen die motorischen Zentren für die Steuerung der Hand- und Mundmotorik genau nebeneinander. Durch die Stimulierung des einen Bereichs werden die angrenzenden Randbereiche im Gehirn ebenfalls aktiviert. Die Geschicklichkeit der Feinmotorik wirkt sich auf die feine Steuerung der Mundmotorik aus. Eine gute Regulierung der Mundmotorik ist ein wesentlicher Faktor für die Deutlichkeit der Aussprache, also für die Sprechentwicklung.

Ihr Kind interessiert sich in diesem Alter bereits für Fingerspiele, die Sie mit seinen Händen ausführen, z. B.:

Das ist der Daumen,
der schüttelt die Pflaumen,
der hebt sie auf,
der bringt sie nach Haus
und der klitzekleine isst sie alle auf.

(Zunächst wird kräftig über den Daumen gestreichelt, dann über den Zeigefinger, den Mittelfinger, den Ringfinger, bis schließlich der kleine Finger gestreichelt und leicht geschüttelt wird.)

Sie können auch selbst kleine Verse und Lieder erfinden, die die Handbewegungen oder die Wahrnehmung der Hände und Finger fördern. Das folgende Lied kann man schon mit einjährigen Kindern spielen, indem man beim Singen die Hände öffnet bzw. zur Faust schließt:

Auf und zu

Kinderlied

Auf und zu und auf und zu,

gehn die Hän- de im- mer- zu.

In der zweiten Strophe könnte man die Hände drehen und dabei singen: „Hin und her und hin und her, Hände drehen ist nicht schwer."

Fingerspiele unterstützen die Entwicklung des Kindes in verschiedenen Bereichen.

Fingerspiele sind fortan eine wunderbare Möglichkeit für das Kind, auf kindgemäße Weise sehr viel zu lernen: Außer der Wahrnehmung der einzelnen Finger an der Hand (in früherem Alter nimmt es die Hand sehr undifferenziert als Ganzes wahr) und der Förderung der Handbeweglichkeit, die sich auf die Beweglichkeit im Mundbereich auswirkt, hört das Kind rhythmische Sprache. Ein Gefühl für den Rhythmus der Sprache zu haben, ist später für das Lesen- und Schreibenlernen von großer Bedeutung. Das Reimen sowie die Merkfähigkeit für kurze Texte sind wichtige sprachliche Fertigkeiten, die das Kind anhand von gedichteten und gesungenen Fingerspielen lernen kann. Und die meisten Kinder lieben Fingerspiele.

Objektpermanenz und Kausalität

Sprache bedeutet den Aufbau einer Symbolwelt.

Dinge, die ihm hinunterfallen, beginnt das Kind nun zu suchen, indem es sich z. B. mit Kopf und Oberkörper über sein Stühlchen beugt und nach dem verloren gegangenen Gegenstand schaut. „Objektpermanenz" nennt man diese Fähigkeit, die erst mit zwei Jahren vollständig entwickelt sein wird: Während vorher die heruntergefallenen Dinge „aus dem Auge, aus dem Sinn" waren, hat das Kind nun den Gegenstand weiter als Bild im Kopf und sucht genau nach diesem Gegenstand. Dies ist eine wesentliche Etappe auch für die Sprachentwicklung, da es um den Aufbau von Symbolen geht. Sprache ist nichts anderes. Für die Dinge gibt es Wörter, die jeweils dafür festgelegt wurden. Was in Deutschland „Auto" heißt, bezeichnet man in Frankreich als „voiture", in England als „car" und auf türkisch als „araba". Wörter sind also Symbole, die stellvertretend für die Dinge stehen. Wenn ich diese Wörter benutze, kann ich von unsichtbaren Dingen sprechen und damit Bilder bei meinem Gesprächspartner erzeugen, sodass dieser weiß, was ich meine. Damit wird es später möglich sein, auch von Vergangenem und Zukünftigem zu sprechen.

Das Kind beginnt mit neun Monaten auch, Wenn-dann-Beziehungen herzustellen, was einer wichtigen geistigen Entwicklungsstufe entspricht: *Wenn* ich das Tuch herunterziehe, *dann* kommt das Auto wieder zum Vorschein. *Wenn* ich am Schnürchen ziehe, *dann* kommt die Raupe aus der Schachtel. *Wenn* die Mama zu diesem Schrank geht, *dann* gibt es Schokolade.

Ihr Kind interessiert sich für Suchspiele aller Art: Wenn Sie seine Spielsachen in einer Dose verstecken, die etwas entfernt steht, wird es dorthin rollen oder krabbeln und den Gegenstand wieder haben wollen. So fördern Sie sowohl die Motorik als auch die symbolischen Fähigkeiten Ihres Kindes. Sprachlich können Sie Versteckspiele z. B. in der folgenden Weise begleiten:

Suchspiele bleiben während der gesamten Vorschulzeit interessant.

Mutter: „Der *Bär* ist weg! Oh, *wo* ist der Bär? Ja, wo *ist* der Bär? Der Bär ist *weg!* Wir müssen den Bär *suchen.* Bär, wo *bist* du?"

Die Betonung kann in jedem Satz wechseln, den kursiv gedruckten Wörtern entsprechend. Damit wird die Aufmerksamkeit immer auf einen anderen Satzteil gerichtet. Das Kind erfährt, dass es mehrere und unterschiedliche Bestandteile gibt, die da zusammengefügt sind. Es wird so bereits für die Satzstrukturen sensibilisiert.

„Was hat die Mama in die Kiste getan? Das will ich jetzt mal sehen!"

Für die Sprachentwicklung ist das Erkennen der Wenn-dann-Beziehungen ein wesentlicher Entwicklungsschritt. Auch hier beginnt das Kind zu erkennen: *Wenn* ich schreie, *dann* kommt die *Mama; wenn* ich plappere, *dann* „unterhält" sich der Papa mit mir. *Wenn* ich geplappert habe, *dann* kommt der Papa dran und dann wieder ich.

Das Erkennen der Wenn-dann-Beziehungen ist für die Sprachentwicklung von Bedeutung.

So erfährt es, was ein Dialog bedeutet: ein abwechselndes Handeln, bei dem man sich gegenseitig zuhört.

Das Kind beginnt, erste Erfahrungen zu machen mit dem Erfolg seiner Äußerungen: dass sich dadurch „die Welt" in Bewegung setzt. Es ist sich aber noch nicht so bewusst über die Zusammenhänge und setzt sie im Alter von sechs bis neun Monaten noch nicht gezielt ein.

Die zweite Lallphase

Das Kind versucht nachzuahmen, was ihm vorgemacht wird.

Das Kind hört nun differenziert und beginnt im neunten Monat das, was ihm sprachlich vorgegeben wird, zu imitieren. Dies ist die Voraussetzung dafür, dass das Kind die Laute der Muttersprache aus all seinen bisherigen Produktionen herausfiltert und erlernt, während es die Laute, die in der Muttersprache nicht verwendet werden, nicht mehr übt. Man nennt diese Phase „zweites Lallstadium". Bis zu diesem Zeitpunkt äußerten sich im „ersten Lallstadium" alle Kinder aller Kulturen in gleicher Weise.

Ihr Kind produziert nun vor allem Silben und Silbenverdopplungen: „dadada", „gagaga".

Das differenzierte Hören ermöglicht Ihrem Kind, zunehmend Fortschritte im Sprachverständnis zu machen. Bisher konnte es bereits die Stimmmelodie erkennen und die Stimmung der Situation daraufhin einschätzen. Um ein Sprachverständnis zu entwickeln, muss es ihm möglich sein, aus dem „Sprachfluss" einzelne Elemente heraushören zu können. In der Zeitspanne zwischen sechs und neun Monaten gelingt dies dem Kind. Es erkennt so, dass bestimmte Melodiemuster mit bestimmten Gegenständen verknüpft sind, ohne die jeweiligen Wörter wirklich zu verstehen.

Ihr Kind lernt:
- vertraute von fremden Personen zu unterscheiden (fremdeln)
- sich rollend und vielleicht bereits krabbelnd vorwärts zu bewegen
- mit beiden Händen Dinge zu ergreifen und zu halten
- nach Dingen zu suchen, die plötzlich weg sind (Objektpermanenz)
- Zusammenhänge zu erkennen (Wenn-dann-Beziehungen)
- aufmerksam zuzuhören
- sprachlich das zu imitieren, was Sie ihm vormachen
- Silbenketten zu bilden („dadada", „gagaga")

Sie können Ihr Kind unterstützen, indem Sie:
- die Motorik fördern und z. B. Spielsachen etwas vom Kind entfernt auslegen

- das Spiel „herunterwerfen – aufheben" mitspielen
- Spielsachen vor den Augen des Kindes verstecken (z. B. auch in der Kleidung des Kindes)
- das Spiel sprachlich begleiten
- mit dem Kind Silbendialoge führen
- Dinge, denen die gemeinsame Aufmerksamkeit gilt, benennen

Das Alter von neun bis zwölf Monaten

Ihr Kind hat seine Fähigkeit zur Fortbewegung bereits in den letzten Monaten entdeckt. Wenn es mit etwa neun Monaten zu krabbeln beginnt, ist dies ein Hinweis, dass die Aufgabenverteilung im Gehirn und die gute Zusammenarbeit der beiden Gehirnhälften gewährleistet sind (siehe Seite 24).

Krabbeln erweitert den Horizont.

Die Fähigkeiten, ohne fremde Hilfe den Raum zu erkunden, dem rollenden Ball hinterher zu krabbeln und selbst die Nähe oder Distanz zu bekannten oder fremden Menschen bestimmen zu können, ermöglichen dem Kind, seine Erfahrungen über sich und die Welt zu erweitern:
- Wo sind die Dinge – nah oder weit weg, oben oder unten, hinten oder vorn?
- Wie sind die Dinge – groß oder klein, beweglich oder starr, breit oder schmal?

Alle Informationen werden die Begriffsbildung unterstützen als Vorbereitung für den Aufbau des Wortschatzes.

Das Kind erfährt etwas über die Dimensionen seines eigenen Körpers, wenn es z. B. den Ball nicht unter das Sofa verfolgen kann. Das Kennenlernen der eigenen Körpergrenzen, der eigenen Größe und Fähigkeiten ist Voraussetzung für die Persönlichkeitsentwicklung. Es ist die Grundlage für die Auseinandersetzung und den Austausch mit anderen Personen und somit für das Sprechenlernen.

Wird das elf Monate alte Kind an der Hand gehalten, kann es bereits einige Schritte laufen. Es scheint, als dränge alles zur Aufrichtung und zum ersten Schritt hin.

Seine Erfahrungen mit den Materialien seiner Umwelt sind bereits so fortgeschritten, dass es nicht mehr alles in den Mund nehmen muss.

Das Kind kann nun einem Menschen und einer Sache gleichzeitig Aufmerksamkeit zukommen lassen.

Bisher hat sich Ihr Kind entweder intensiv mit einem Gegenstand oder mit einer Person beschäftigt. Irgendwann im letzten Drittel des ersten Lebensjahrs gelingt ihm die Einbeziehung einer Person in sein Spiel mit einem Gegenstand. Erkennbar wird dies für Sie am so genannten „triangulären Blickkontakt"(siehe Seite 28): Ihr Kind schaut vom Gegenstand zu Ihnen, dann wieder auf den Gegenstand und unterhält sich so quasi mit Ihnen über den Gegenstand. Mit seinen Augen sagt es förmlich: „Schau mal, was ich da habe!" Oder: „Wie sagst du denn dazu?"

Die Dinge mit denen Sie sich gemeinsam beschäftigen, werden Sie benennen:

Vater (den Ball hoch haltend, den das Kind weggeworfen hat):
„Der Ball. Da ist der Ball. Der Ball rollt."
Er rollt den Ball dabei zum Kind.

Für das Sprechen des Kindes bedeutet das, dass sein Interesse dafür erwacht, wie die Erwachsenen die Dinge nennen und was sie damit tun. Es beginnt die Bezeichnungen für die Gegenstände wirklich zu verstehen.

Das Kind direkt ansprechen

Damit sprachliche Äußerungen ein Kind überhaupt erreichen und das Kind sie verstehen kann, müssen sie direkt an das Kind gerichtet sein. Nur durch Hören von Sprache wird ein kleines Kind nicht sprechen lernen. Ein Kind muss sich angesprochen fühlen. Eltern wenden sich ganz ihrem Kind zu und zeigen durch den Blickkontakt, dass sie es ganz direkt meinen.

Nutzen Sie die Neugierde des Kindes für Ihr Tun, indem Sie Ihre alltäglichen Tätigkeiten mit ihm teilen. Benennen Sie die Gegenstände und Ihre Tätigkeiten.

Sarah (zwölf Monate) hilft ihrer Mutter beim Kehren der Wohnung. Sie beobachtet, was die Mutter mit dem Besen macht.

54

Mutter: „Mama macht sauber. Ich kehre mit dem Besen. Du hast auch einen Besen."

Sarah sieht von ihrer Mutter auf ihren kleinen Handbesen. Sie schiebt den Besen auf dem Boden hin und her.

Mutter: „Ja, du machst auch sauber. Wir fegen den ganzen Boden sauber."

Endlich: das erste Wort!

Ihr Kind imitiert Ihre Handlungen und wird nun seinerseits beginnen, den Dingen Namen zu geben. In dieser Zeit hören Sie das berühmte erste Wort, meist „Mama" oder „Papa", weil das Kind zu diesen Menschen den engsten Kontakt hat und weil diese Lautverbindungen zu den einfachsten gehören: Die geschlossenen Lippen werden geöffnet und mit einem ‚a' verbunden. Aber Ihr Kind hat seine mundmotorischen Fähigkeiten jetzt bereits so gut geübt, dass es bald auch andere Namen und Bezeichnungen verwenden wird. Zwar werden verschiedene Laute weggelassen oder falsch gebildet, aber wenn Sie verstehen, was Ihr Kind sagt, werden Sie seine Worte aufnehmen, in Ihre Unterhaltung einfügen und häufig wiederholen. Da Sie die Worte richtig sprechen, bekommt Ihr Kind immer wieder die Gelegenheit, sein Gesprochenes mit Ihrem zu vergleichen und die Aussprache seiner Wörter dem anzupassen, was es von Ihnen hört, und damit immer korrekter zu sprechen.

So wie es Ihre Handlungen imitiert, wird es auch nachsprechen, vorerst Einzelwörter, vor allem die Namen der Gegenstände, die für es interessant sind.

„Bei Papa sieht das so einfach aus." Handelnde ▶
Auseinandersetzung fördert die Begriffsbildung.

Dem ersten Wort folgen bald viele andere.

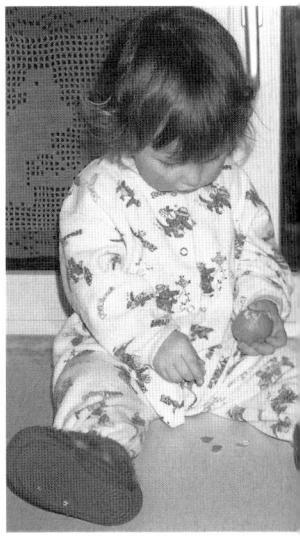

Die Worte, die Ihr Kind verwendet, bezeichnen auch die Tätigkeiten, die mit diesen Gegenständen verbunden sind. So kann z. B. „namnam" für Löffel, Teller, essen, Brot … stehen.

Unterstützen Sie Ihr Kind, indem Sie seine Äußerungen aufnehmen, interpretieren und mit den Worten differenzieren, die Sie in dieser Situation für passend erachten.

Wiederholungen
festigen die Begriffe
und Wörter.

Franz (zwölf Monate) beim Spazierengehen: „Wauwau."

Mutter: „Ja, schau mal, da ist ein Hund. Der Hund spielt. Der Hund kann schnell laufen. Wauwau macht der Hund."

Kurz darauf.

Franz: „Wauwau."

Mutter: „Da ist eine Katze. Die Katze sieht so ähnlich aus wie ein Hund. Miau macht die Katze. Hallo Katze. Komm her, miez, miez, Katze, komm!"

Sicherlich haben Sie bisher schon mit Ihrem Kind gesungen. Nun gelingen ihm selbst, bewusst gesteuert, erste Tonhöhen- und Lautstärkevariationen. Dies ist als Vorbereitung auf Betonung, Modulation und Rhythmus in der Sprache wichtig.

Aus Ihrer Kinderzeit kennen Sie sicherlich folgendes Rätsel: Was sind „Blumento-Pferde"?

Hier wird deutlich, wie wichtig Betonung und Sprechmelodie für das Verständnis sind. Richtig betont wird aus der seltsamen Pferderasse die Blumentopf-Erde.

Ihr Kind liebt es, mit Ihnen zu singen und sich mit Ihnen zu Musik zu bewegen. Kniereiter, wie das berühmte „Hoppe-Hoppe-Reiter", oder rhythmische Verse begeistern Kinder und machen Betonung, Rhythmus, Modulation leibhaftig spürbar.

Ihr Kind lernt:
- krabbeln
- im Raum Erfahrungen über die Gegenstände und seinen Körper zu machen
- sich gleichzeitig mit einer Person und einem Gegenstand zu beschäftigen und sie mit seinem Blick zu verbinden (= triangulieren)
- Begriffe wirklich zu verstehen
- Einwortäußerungen
- an der Hand einige Schritte zu gehen
- nachsprechen
- Tätigkeiten zu imitieren und wiederholen
- erste Tonhöhen- und Lautstärkevariationen

Sie können Ihr Kind unterstützen, indem Sie:

- Ihre und seine Tätigkeiten sprachlich begleiten
- Ihr Kind in Ihre alltäglichen Tätigkeiten einbeziehen
- Dinge benennen
- seine Einwortäußerungen interpretieren und richtig wiederholen
- seinen Bewegungsdrang unterstützen
- tägliche Rituale pflegen
- mit ihm singen und sich mit ihm zu Musik oder Versen bewegen

Das Alter von zwölf bis 18 Monaten

In diesem halben Jahr macht Ihr Kind zwei große Entwicklungssprünge: Es spricht die ersten Wörter und es lernt das Laufen! Beide Ereignisse sind für Eltern und Kind ganz besondere: Ihr Kind steht nun im wahrsten Sinne des Wortes auf eigenen Füßen, es ist selbst-ständig.

Schon in diesem Alter beginnt die Phase der Loslösung.

Dies ist eine wesentliche Etappe der Loslösung. Damit beginnt für Sie und Ihr Kind auch die Zeit der Auseinandersetzungen. Während das Kind sich bisher mit seinen Bezugspersonen als Einheit verbunden gefühlt hat, muss es nun bei seinen Aktivitäten erkennen, dass seine Bezugspersonen eventuell ganz andere Bedürfnisse und Ansichten haben als es selbst. So wird es immer wieder mit einem „Nein" der Bezugspersonen konfrontiert sein, wenn es z. B. die Blumenerde essen möchte oder damit einen kleinen Berg auf dem Sofa baut.

Diese Auseinandersetzungen sind für beide Seiten strapaziös. Gleichzeitig helfen sie dem Kind in seiner Ich-Entwicklung. Es muss sich zwar schmerzlich herauslösen aus der bisher erlebten Symbiose, lernt so aber, das Ich vom Du abzugrenzen und seine eigenen Bedürfnisse zu entdecken.

Vom Rosmarin bleibt nicht mehr viel ▶ übrig – wie werden die Eltern reagieren?

Es erkennt auch, dass es selbst Entscheidungsspielräume hat und sich den Wünschen und Anforderungen widersetzen kann, die an es gestellt werden. Es schüttelt z. B. den Kopf, wenn es nicht mehr essen möchte, oder wirft den Teller herunter.

Was für eine Freude ist es für die Eltern, wenn das Kind zum ersten Mal „Mama" bzw. „Papa" sagt. Jetzt kann das Kind von sich aus den Kontakt zum jeweils gewünschten Elternteil noch direkter herstellen. Nicht immer sind diese beiden Wörter die ersten. Manche Kinder starten mit „Auto" oder „Ball". Oft sagen die Kinder zunächst Papa, und die Mama benennen sie erst einige Zeit später. Von den Müttern wird dies häufig als schmerzlich empfunden und nicht verstanden.

Eine mögliche Erklärung für dieses Phänomen wäre, dass das Kind sich mit der Mutter noch wesentlich länger als Einheit verbunden fühlt, weil sie, zumindest in unserem Kulturkreis, diejenige ist, die in der ersten Kinderzeit beim Kind ist. Interessant ist der Papa, der manchmal da ist und dann auch wieder weg. Mit 18 Monaten kann das Kind außer Mama und Papa noch weitere gebräuchliche Wörter verwenden wie: heia, Wauwau, da, Ball, Auto.

Die Sprache wird in diesem Alter also teilweise schon als Benennleistung eingesetzt. Das heißt, mit den gesprochenen Wörtern ist eine bestimmte Person, ein bestimmter Gegenstand gemeint. Es kommt dabei, auch in den späteren Entwicklungsphasen, zu Verallgemeinerungen: z. B. wird jedes Tier, das vier Beine hat, „Muh" genannt.

Das Sprachverständnis

Dem Sprechen geht das Sprachverständnis voraus.

Dem angewendeten Wortschatz geht das Sprachverständnis voraus. Ich kann nur das Ding mit einem Wort bezeichnen, das ich schon verstanden habe. Das Kind orientiert sich meistens an den Wörtern, die am Ende des Satzes stehen und besonders betont sind.

Mutter: „Wo ist der Ball? Such den Ball! Ja, da ist der Ball."

Bis 18 Monate versteht das Kind nur die Bezeichnungen der Gegenstände, die ihm in der Situation unmittelbar zur Verfügung stehen. Wenn ihm mehrere gut bekannte Gegenstände zur Auswahl stehen, kann es einen geforderten daraus aussuchen.

Vor dem Kind liegen ein Ball, ein Auto, ein Bär und ein Löffel.
Mutter: „Gib mir den Bär!"
Das Kind gibt den Bär.

Das Kind reagiert nur auf das Wort Bär und tut damit, was ihm gerade angemessen scheint oder was der Situation entspricht, wenn die Mutter z. B. die Hand ausstreckt. Würde die Mutter sagen: „Streichle den Bär!", würde das Kind ihr den Bär vermutlich auch geben und ihn nicht streicheln. Spricht sie von einem Teddybär, der im Nebenzimmer ist, versteht dies das Kind noch nicht. Es wird der Mutter wahrscheinlich einen der vorhandenen Gegenstände geben. Auf jede Aufforderung reagiert das Kind mit einer Handlung, die es kennt oder die der Situation angemessen erscheint.

Die Bedeutung der Bezugspersonen

Ihr Kind ist immer mehr an seinen Bezugspersonen orientiert: Was machen eigentlich die anderen mit den Dingen? Und was sagen sie dazu?

Das Kind lernt, indem es sich an den Bezugspersonen orientiert.

So hat das Kind nun beobachtet, wie die Eltern den Stift in die Hand nehmen und ihn dann zum Papier führen, um darauf hin- und herzufahren. Den Telefonhörer halten sie an das Ohr und die Bürste an den Kopf. Ihr Kind erkennt also die Bestimmung der Dinge und beginnt, die Gegenstände ebenso zu gebrauchen. Es hält den Stift an das Papier, vielleicht bewegt es den Stift auch über das Papier, es achtet aber noch nicht auf das Resultat seiner Handlung: Dass vielleicht ein Strich entstanden ist, ist ihm in diesem Stadium unwichtig. Es hält den Stift oder die Bürste möglicherweise auch falsch herum an den jeweiligen Zielort. In einem Bilderbuch blättert es, ohne die Seiten wirklich zu betrachten, das Wasser aus einer Flasche schüttet es in eine Tasse, ohne dem Überlaufen des Gefäßes Beachtung zu schenken und ohne die Schüttbewegung deshalb zu unterbrechen. Die Handlung selbst und es selbst als Handelnder sind für das Kind zentral. Das Handlungsergebnis bleibt in diesem Spielstadium noch unbeachtet.

Ebenso betrachten Kinder in diesem Alter häufig das Sprechen: Sie beobachten bei den Erwachsenen, dass sie das fortwährend tun.

Möglicherweise hält das Kind nun mit ernstem und vielsagendem Gesichtsausdruck lange Reden, die eher wie eine Fremdsprache klingen. Eine Satzmelodie ist dabei durchaus schon erkennbar.

Ihr Kind lernt:
- laufen
- einfache Sprachangebote zu verstehen
- erste Wörter zu sprechen
- durch Kopfschütteln Dinge abzulehnen
- Handlungen der Bezugspersonen zu imitieren und die Bestimmung der Gegenstände dabei zu erkennen

Sie können Ihr Kind unterstützen, indem Sie:
- ihm Anlässe bieten, sich aufzurichten und zu laufen
- Regeln konsequent einhalten
- das Kind an alltäglichen Handlungen teilhaben lassen (kämmen, rühren, putzen, telefonieren, schreiben, flöten usw.)
- Ihre Handlungen sprachlich begleiten

Das Alter von 18 Monaten bis zwei Jahren

Die Eroberung der Welt schreitet mit Riesenschritten voran. Ihr Kind hat seine Bewegungen so weit trainiert, dass es schnell und sicher laufen kann. Es gelingt ihm nun, kurz auf einem Bein zu stehen. Es kennt seine Körperteile und kann einige benennen.

Ihr Kind entdeckt seine Wirkung auf die Welt. Sein Augenmerk richtet sich auf die Ergebnisse seines Tuns. Es muss ein herrliches Gefühl sein, wenn das Kind zum ersten Mal entdeckt, dass der Stift auf dem Papier Spuren hinterlässt und diese Punkte und Striche das Ergebnis der eigenen Handlung sind. Ist es da verwunderlich, wenn diese neu gewonnene Macht auch an Möbeln, Tapeten oder Kleidern demonstriert wird?

Das Kind kann sich nun in einen anderen hineinversetzen.

Erste „So-tun-als-ob-Spiele" (symbolische Handlungen) wie das Füttern der Puppe oder das Schlafenlegen des Bären zeigen, dass Ihr Kind sich erstmals in die Situation eines anderen (hier Puppe und Bär) versetzen und sich vorstellen kann, wie es ist, gefüttert oder ins Bett gebracht zu werden.

Wie sind die Dinge?

Mit der Veränderbarkeit der Welt erwacht das Interesse dafür, wie die Dinge sind. Um dies mitzuteilen, muss Ihr Kind zwei Wörter verbinden, ein Wort genügt nun nicht mehr:

Das Kind beginnt, nicht nur Gegenstände, sondern auch Handlungen zu bezeichnen.

> „Ball putt." – „Der Ball ist kaputt."
>
> „Papa wet." – „Papa ist weggefahren."

Die Wörter werden häufig vereinfacht gebildet. Die Wortformen sind für das Kind noch nicht erkennbar und die mundmotorische Geschicklichkeit lässt noch nicht zu, dass die Bewegungswechsel von Zunge und Lippen so schnell erfolgen, wie es für die richtige Artikulation notwendig wäre. So wird z. B. aus „noch mal" „momal", aus „Treppe" „Beppe".

„Meine Finger sind klebrig!" Handlungen werden sprachlich begleitet.

Das Kind entwickelt Vorstellungen, wie etwas zu sein hat, und reagiert, wenn etwas nicht diesem Bild entspricht. Mit etwa zwei Jahren beginnt es, Sie auf alles hinzuweisen, was von seiner Vorstellung abweicht: die besonders dicke Frau im Bus, seine schmutzigen Hände, das Pflaster an Papas Hand.

Ihr Kind lernt seine eigenen Fähigkeiten einzuschätzen. Gelingt es ihm, die Schublade mit den Gummibärchen oder Salzstangen allein zu öffnen, wird auf seinem Gesicht ein Lächeln erscheinen, das niemandem außer ihm selbst gilt. Ihr Kind freut sich, dass es sein Ziel erreicht hat. Ebenso ärgert es sich nun, wenn es Schwierigkeiten hat, eine Handlung auszuführen. Gleichzeitig weiß es, dass Sie ihm helfen können, ans Ziel zu kommen. Es kann Sie um Hilfe bitten, indem es Ihnen durch Geben oder Zeigen seine Absicht mitteilt. Es wartet, bis Sie die Hilfestellung ausgeführt haben.

Das Kind lernt, dass seine Handlungen verbale Reaktionen Ihrerseits hervorrufen, mit denen es sich sprachlich auseinander setzen kann. Ihr Kind erlebt nun, dass es etwas mitzuteilen hat. Dafür genügen natürlich nicht mehr nur Einzelwörter. Zwei und bald drei Wörter werden verbunden.

Ihr Kind versteht einzelne Wörter, ohne dass der bezeichnete Gegenstand tatsächlich anwesend ist. Wenn Sie es auffordern, es solle Ihnen den Löffel geben, wobei auf dem Tisch zwar Teller und Gabeln, aber keine Löffel liegen, so wird es nach dem Löffel suchen, um der Aufforderung nachzukommen. Früher hätte es Ihnen vielleicht, ohne zu zögern, eine Gabel in die hingestreckte Hand gelegt.

Jetzt beginnt das Kind, sich mit seinem Namen zu bezeichnen. Der Prozess der Selbsterkenntnis ist an einem Punkt angelangt, der das Kind erfahren lässt, dass diese Arme und Hände, die etwas verändern, und dieser Mund, der etwas bewirkt, zu einem „ganzen Jemand" gehören. Dieser Jemand hat einen Namen, den das Kind jetzt auch anwendet.

Sophia (20 Monate) ist mit ihrer Tante auf dem Spielplatz. Viele Sandkuchen wurden gebacken und „aufgegessen". Es ist Zeit, nach Hause zu gehen.

Tante: „Komm, Sophia, wir gehen heim zur Mama."

Sophia schüttelt den Kopf und schaufelt schneller: „Nein."

Tante: „Die Mama wartet doch. Komm, soll ich dich tragen?"

Sophia: „Fia essen, Kuchen."

Tante: „Daheim gibt es auch etwas zu essen, hast du keinen Hunger?"

Sophia strahlt die Tante an, lässt ihre Schaufel fallen und steht auf: „Fia Hunger ... Eis!"

„Nein, nein, nein!"

Die eigenen Absichten und Gefühle werden nun mitgeteilt. Ablehnung wird nicht mehr nur durch Kopfschütteln oder eindeutige Gesten (z. B. Ausspucken des Essens) ausgedrückt, sondern das Wort „Nein" wird bewusst eingesetzt. Mit einem einzigen Wort grenzt sich das Kind von seiner Umgebung ab und verlangt die Auseinandersetzung mit seinen Vorstellungen und Wünschen.

Nein – ein höchst wirkungsvolles Wort!

Gleichzeitig nimmt Ihr Kind die Absichten und Gefühle der anderen deutlich wahr und setzt sich damit auseinander, es versteht bestimmte soziale Zusammenhänge, z. B. Eigentum, Teilen, Trösten.

Sie helfen Ihrem Kind, wenn es klare Grenzen erkennt, an denen es sich orientieren kann, wenn es erfährt, dass Ihr „Nein" eine eindeutige Botschaft ist.

„Besprechen" Sie mit Ihrem Kind die Geschehnisse des Tages, zeigen Sie ihm, dass seine Mitteilungen für Sie interessant sind.

Wenn Sie zusammen Bilderbücher anschauen, fragen Sie Ihr Kind nicht ab, was es sieht. Darauf kann es nur mit Einzelwörtern antworten. Erzählen Sie ihm, was auf den Bildern geschieht. Dann wird auch Ihr Kind mehr und mehr die Zusammenhänge erkennen und darüber sprechen.

Ihr Kind lernt:

- schnell und sicher zu laufen
- kurz auf einem Bein zu stehen
- einige seiner Körperteile zu benennen
- die Wirkung seiner Handlungen zu erkennen
- im Spiel einfache symbolische Handlungen auszuführen
- Vorstellungen zu entwickeln
- auf eigene Schwierigkeiten zu reagieren
- auf eigene gelungene Handlungen mit einem Lächeln zu reagieren

- um Hilfe zu bitten
- einzelne Wörter zu verstehen in Abwesenheit der dazugehörigen Objekte
- Zwei- bis Drei-Wort-Äußerungen
- seinen Namen zu sagen
- „nein" zu sagen
- Absichten und Gefühle sprachlich auszudrücken
- Sprache einzusetzen, um etwas zu bewirken
- Mein und Dein zu unterscheiden
- teilen, trösten und singen

Sie können Ihr Kind unterstützen, indem Sie:
- klare Regeln aufstellen
- „So-tun-als-ob-Spiele" mit ihm machen
- seine und Ihre Erlebnisse, Gefühle und Absichten in Worte fassen
- mit ihm singen
- Folgen und Wirkung seiner und Ihrer Handlungen benennen
- gemeinsam Bilderbücher anschauen und dazu Geschichten erzählen

Das Alter von zwei bis zweieinhalb Jahren

Das Kind liebt es herumzutoben.

Eine turbulente Zeit hat für Eltern und Kind begonnen. Das Kind entwickelt sich in allen Bereichen rasant weiter. Seine Aktionen sind noch vorrangig geprägt von motorischen Handlungen: Es kann zunehmend geschickter laufen, rennen und klettern. Toben, fest gedrückt, gezogen, geschleudert zu werden bereiten dem Kind in diesem Alter größte Freude. Durch diese kräftigen Reize, z. B. wenn man das Kind an Arm und Bein haltend als Flieger schleudert, lernt das Kind, sich selbst zu spüren. Es erfährt am eigenen Körper oben und unten, vorne und hinten und es erkennt seine Positionen im Raum, die sich ständig ändern. Diese Erfahrungen ermöglichen ihm später die Anwendung der Präpositionen im Satz (z. B. auf dem Tisch, unter dem Schrank, über den Büchern).

Auch feinmotorisch kann es immer differenzierter handeln. Das Spektrum seiner Fähigkeiten erweitert sich: Es kann einen Deckel aufschrauben, eine Schere mit beiden Händen öffnen und schließen (die Erwachsenen müssen dann das Papier halten), spiralförmig malen, Buchseiten umblättern usw. Mit etwa zwei Jahren bevorzugt das Kind für seine Tätigkeiten schon eine Hand. Wichtig ist, dass das Kind auf keinen Fall auf die rechte Hand umtrainiert wird, wenn sich zeigt, dass es eine Linkshändigkeit ausbildet.

Das Kind bevorzugt bei seinen Tätigkeiten eine Hand.

Handelnd sprechen lernen

Das Interesse des Kindes an den eigenen Handlungen bzw. den Handlungen anderer zeigt sich auch in der Verbesserung des Sprachverständnisses. Während es bislang nur auf jeweils ein Wort im Satz reagieren konnte, ist es nun fähig, zwei bis drei Einheiten zu verbinden. Auch hier ist das Sprachverständnis an die momentane Situation geknüpft. Wenn man das Kind auffordert: „Gib der Puppe und dem Bär zu essen!", und man dem Kind einen Kamm in die Hand gibt, wird es vermutlich Puppe und Bär kämmen. Mit zweieinhalb Jahren wird es allerdings bereits verblüfft schauen, weil es merkt, dass etwas nicht stimmt. Es wird sich nicht sicher sein, ob es richtig verstanden hat.

Jeder Ausflug, den Sie mit dem Kind unternehmen, aber auch jede alltägliche Handlung, in die Sie es einbeziehen, wird für Ihr Kind der Rahmen sein für eine Menge neuer kreativer Spielhandlungen und Erlebnisse. Ihr Kind ist wissbegierig und entwickelt sich zum Wörtersammler. Jeden Tag erweitert sich sein Wortschatz durch seine Erfahrungen im handelnden Umgang mit der Umwelt und Ihre elterlichen Kommentare dazu. Mit zweieinhalb Jahren sprechen Kinder im Durchschnitt 446 Wörter.

Kinder lernen Sprache in alltäglichen Handlungen.

Sie werden allerdings in dieser Phase ein neues Zeitkonzept erwerben müssen. Der Ausflug zum Spielplatz beginnt für das Kind bereits im Treppenhaus, wo man interessanterweise den Kopf zwischen die Gitterstäbe stecken kann. Einer der Höhepunkte ist dann die Pfütze direkt vor dem Haus, die einem nasse Füße beschert, wenn man mit Sandalen hineinpatscht, oder die Schnecke, die unbedingt gestreichelt werden muss.

„Schau mal, ein Krabbel!" Neue Wörter werden erfunden.

Jedes Angebot wird zum Sprachförderprogramm: Wenn man im Supermarkt die verschiedenen Gemüsesorten bespricht, auf dem Bauernhof die Tiere besucht, im Wald Eindrücke sammelt und diese versprachlicht oder die alltäglichen Aufgaben gemeinsam erledigt und bespricht: kochen, Wäsche waschen, Obstsalat zubereiten, Blumen in eine Vase stellen, Fahrrad reparieren, Petersilie einpflanzen, Schuhe putzen usw. Dies sind für Ihr Kind faszinierende Handlungen, an denen es gern teilhaben möchte.

> *Vater: „Schau, in dem Paket sind Blumen für die Mama. Sollen wir es vorsichtig aufmachen?"*
> *Fabian, 26 Monate: „Bumen auf!"*
> *Vater: „Ja, wir machen das Paket auf. Wir holen die Blumen heraus."*
> *Beide holen vorsichtig die Blumen aus dem Papier.*
> *Vater: „Da sind die Blumen! Das sind schöne Blumen! Schau, diese Blume piekst. Aua! Die Blume hat Dornen. Die piekst."*
> *Fabian: „Bume pietst, aua."*
> *Vater: „Ja, genau, die Blume piekst. Die Blumen wollen trinken. Was trinken die Blumen?"*

Fabian: „Kaba!"
Vater: „Du trinkst Kaba, ja. Die Blumen trinken Wasser. Komm, Fa-
bian, wir holen Wasser für die Blumen."

So ungefähr könnte sich ein Gespräch rund um das Thema Blumen
entwickeln, in welches das Kind voll einbezogen ist.

Bisher hat das Kind sich als Zentrum der Welt betrachtet und alle
Gegenstände und Personen auf sich bezogen. Nun erkennt es, dass
auch Beziehungen bestehen zwischen anderen Menschen und den
Gegenständen bzw. zwischen verschiedenen Gegenständen. Das
handelnde Subjekt ist also nicht nur das Kind selber. Damit verändert sich auch die Sprache des Kindes. Es bildet immer längere Sätze, um mitzuteilen, wer was mit wem tut. Wenn die Sätze noch ver-
dreht sind, ist das völlig altersgemäß. Gleichzeitig „explodiert" der
Wortschatz des Kindes: Es benennt Personen und Gegenstände,
kennt durch sein eigenes Tätigsein mit den Dingen immer mehr Verben (= Tätigkeitswörter) und hat viele Erfahrungen gesammelt mit
den Gefühlen von Personen und den Eigenschaften der Dinge. Es ge-
braucht somit Adjektive (= Eigenschaftswörter). Ein wesentlicher
neuer Schritt, der auch grundlegend ist für das weitere Fortschrei-
ten der Sprachentwicklung, ist das Fragen mit Fragewörtern. Hat
das Kind bislang nur durch die Wortmelodie die Frage markiert
„Papa?", ist es ihm nun möglich, die Frage zu präzisieren: „Wo Papa?"
oder „Was Papa mad?" (Was macht Papa?).

Das Kind erobert sich die Welt durch Fragen.

Die Fantasie erwacht

Im dritten Lebensjahr entwickelt sich die Vorstellungskraft, die Fantasie des Kindes. Was sich im Spielverhalten bereichernd auswirkt,
indem das Kind immer kreativer wird, zeigt sich andererseits auch
in der Entwicklung von Ängsten. Häufig ist es für die Eltern noch
schwierig zu erfassen, worauf sich die Ängste des Kindes beziehen.
Für das Kind ist es wichtig, dass die Eltern seinen Zustand wahrnehmen, dass es das Gefühl hat, nicht allein zu sein, und dass sie
Lösungen suchen, indem sie z. B. nachts die Türe einen Spalt offen
lassen. Oder sie stellen dem Kind einen starken, beschützenden Ge-
fährten zur Seite. Man kann dem Kind einen Teddybären schenken

Die Vorstellungs-kraft des Kindes entwickelt sich.

und ihm erklären, dass er der stärkste Teddybär ist. Mit dem Teddybären spricht man sich vor dem Kind ab:

„Bär, du bist ja richtig stark, nicht wahr? Du sollst auf Philipp
ganz gut aufpassen. Kannst du das?"

Und der Bär wird natürlich selbstsicher antworten: „Na klar kann
ich das. Ich bin ja schließlich der stärkste Bär!"

Die Trotzphase

Das Kind will mehr
selber machen, als es
kann – das führt zu
Frustrationen.

Mit all seinen neuen Errungenschaften gewinnt das Kind an Selbst-
bewusst-Sein. Die körperlichen Aktivitäten lassen es ein sicheres inneres Bild vom eigenen Körper gewinnen. Durch die feinmotorischen Tätigkeiten erfährt das Kind, dass es die Dinge seiner Umwelt
manipulieren kann, dass es etwas bewirken kann. Und es signali-
siert, dass es die Aufgaben allein bewältigen möchte. „Allein!" oder
„Selber!" wird Ihr Kind in allen möglichen Situationen fordern. Dabei stößt es häufig an die eigenen Grenzen. Es möchte mehr, als es
tatsächlich bereits kann. Plötzliche Wutausbrüche sind die Folge:
Das Kind legt sich strampelnd und schreiend auf den Boden, wirft
die Klötze durchs Zimmer und scheint ganz außer sich zu sein. Solche Situationen sind für die elterlichen Nerven, vor allem wenn die
Ausbrüche in der Öffentlichkeit geschehen und mit den unterschied-
lichsten Bemerkungen der Mitmenschen quittiert werden, enorm
strapazierend.

Die Eltern sollten dennoch versuchen, verständnisvoll zu reagieren. Das Kind ist tatsächlich verzweifelt. Es braucht die liebevolle,
verständnisvolle Zuwendung einer Bezugsperson, um wieder zur inneren Ruhe zu kommen – bis zum nächsten Zornesausbruch, der
dann vielleicht durch eine Kollision der kindlichen Vorstellungen
mit den ihm gesetzten Regeln ausgelöst wird. Zum Beispiel findet
das Kind seine Tätigkeiten viel zu aufregend, um zu der von den Eltern geforderten Zeit an Schlafen zu denken.

Die Eltern brauchen ein enormes Standvermögen, um ihre Regeln
einzuhalten. Für das Kind ist die Verlässlichkeit der elterlichen Regeln gerade in der Trotzphase besonders wichtig als stabiles Element, das in dieser aufregenden Welt Orientierung gibt (siehe Seite 34 f.).

Ihr Kind lernt:

- feinmotorisch immer differenzierter vorzugehen (Deckel aufschrauben, Schere mit beiden Händen öffnen, Spiralen malen usw.)
- Details zu bemerken und zu untersuchen
- auch andere als handelnde Personen wahrzunehmen
- immer längere Sätze zu bilden
- Verben und Adjektive zu gebrauchen
- Fragen mit Fragewörtern zu bilden
- den Unterschied zwischen dem, was es will, und dem, was es momentan kann (seine Fähigkeiten) bzw. darf (geltende Regeln), zu erkennen und sich darüber aufzuregen

Sie können Ihr Kind unterstützen, indem Sie:

- es viele Dinge selbst tun lassen
- sich interessiert und geduldig auf seine Entdeckungen einlassen
- es bei seinen Wutausbrüchen beruhigen
- Ihre Handlungen sprachlich begleiten
- dem Kind Fragen stellen („Was hast du da?", „Was macht die Puppe?")

Das Alter von zweieinhalb bis drei Jahren

Ihr Kind verfeinert seine Bewegungen. Es trainiert seine Körperbeherrschung und traut sich an immer schwierigere motorische Aufgaben heran: Es kann Dreirad fahren, auf einer Mauer balancieren, auf Zehenspitzen gehen.

Die Fantasie des Kindes wird von alltäglichen Gegenständen angeregt.

Alle möglichen Gegenstände inspirieren Ihr Kind zum Spiel: Töpfe und Geschirr machen es zum Koch, die Puppe im Puppenwagen zu Mama oder Papa, der Verband und das Pflaster zur Ärztin.

Bisher war das Kind im Spiel die handelnde Person. Es hat die Puppe gefüttert oder den Bär ausgezogen. Am Ende des dritten Lebensjahrs werden auch Puppe oder Bär im Spiel zu Handelnden: Die Puppe weint oder der Bär fährt mit dem Dreirad.

„Gell, jetzt bist du müde, lieber Esel!"

Es ist zunehmend an anderen Kindern interessiert, ein Zusammenspiel gelingt aber noch nicht. Die Kinder spielen nebeneinander her, beobachten sich und nehmen erste Kontakte auf. Ihr Kind sortiert gern, was zusammengehört. Autos, Tiere, Knöpfe werden in möglichst lange Reihen gelegt. Auch sprachlich sammelt es, was zusammenpasst. So entstehen Kategorien, z. B. Tiere, Spielsachen, Fahrzeuge.

Komplexere Verständnismuster entstehen

„Hast du im Keller bint?" Vergangenheitsformen bilden sich aus.

Das Kind kann sich etwas „vorstellen", nicht mehr nur das unmittelbare „Hier und Jetzt". Es lernt zu unterscheiden zwischen Vergangenheit und Gegenwart. In seiner Sprache tauchen die ersten Vergangenheitsformen auf.

Es beginnt Aufforderungen zu verstehen, die sich nicht unmittelbar aus der gegenwärtigen Situation ergeben. Wenn Sie Ihr Kind z. B. während des Dreiradfahrens bitten, bei Papa in der Küche etwas zu trinken zu holen, kann es diese Aufforderung jetzt ausführen.

In den Bilderbüchern interessiert es sich für eine fortlaufende Handlung und es lauscht begeistert kleinen Geschichten.

Da es mittlerweile nicht mehr alles Geschehen in Beziehung zu sich selbst sieht, sondern erkennt, dass es auch andere handelnde Wesen gibt, wird es zunehmend wichtig, wer was tut. In seinen Sätzen tritt das Tätigkeitswort in unmittelbare Verbindung zu dem, der handelt, weil dies auch in seiner Wahrnehmung nun unmittelbar verbunden ist. Das Verb nimmt im Satz die zweite Position ein. So wird aus „Anna Brot essen" nun „Anna isst Brot".

Was tun, wenn das Kind stottert?
Sein Bedürfnis, sich mit anderen auszutauschen und seine Vorstellungen weiterzugeben, erfordert ein schnelles geordnetes Umsetzen seiner Gedanken in Sprache. In dieser Zeit können Sie den Eindruck bekommen, Ihr Kind würde stottern. Es wiederholt Wörter oder Satzteile. Diese Phase einer normalen Sprachentwicklung wird „physiologisches Stottern" genannt und ist Ausdruck dafür, dass Ihr Kind mit dem Ordnen seiner Gedanken und dem gleichzeitigen Mitteilen noch nicht zurechtkommt.

Nehmen Sie Wort- oder Satzteilwiederholungen als Hinweis darauf, dass Ihr Kind auf dem richtigen Weg ist und einen neuen, spannenden Entwicklungsschritt macht. Genießen Sie es, dass die Gespräche zwischen Ihnen ausführlicher werden. Ihr Kind beginnt, Ihnen Einblick zu gewähren in seine Gedankenwelt.

Miriam (zweieinhalb Jahre) wird von ihrem Vater ins Bett gebracht. Sie unterhalten sich über den Tag. Vater: „Deine Mama ist eine ganz liebe." Miriam: „Deine Frau auch."

„Ich bin ich und du bist du"
Wenn das Kind in dieser Zeit beginnt, sich selbst mit „ich" zu bezeichnen, ist dies auch für die Eltern ein ganz besonderer Moment. Sie spüren, dass es nun endgültig den Schritt zu einer selbstbewussten, eigenständigen Person gemacht hat. Bis ein Kind sich selbst mit „ich" bezeichnet, kann es zu kuriosen Dialogen kommen:

„Ich" kann als einziges Wort nicht über Nachahmung gelernt werden.

Lisa (zweieinhalb Jahre) zieht sich hinter den Sessel im Wohnzimmer zurück. Die Mutter weiß, dass das der Hinweis auf ein „großes

*Geschäft" ist, bei dem Lisa ungestört sein will. Als sie wieder zum Vorschein kommt, fragt die Mutter: „Na, Lisa, was hast du hinter dem Sessel gemacht? Was riecht denn hier? Hast du einen Stinker gemacht?"
Lisa: „Du Tinker macht." Mutter: „Komm, ich mach deine Windel sauber." Lisa schüttelt energisch den Kopf: „Net deine Windel sauber! Will auf mein Schoß!"*

Ihr Kind lernt:
- Dreirad fahren
- balancieren
- in erste soziale Rollen zu schlüpfen
- Puppe oder Kuscheltier als handelnde Wesen zu verstehen
- zwischen Vergangenheit und Gegenwart zu unterscheiden
- seine Vorstellungen mitzuteilen
- das meiste zu verstehen, das zu ihm gesagt wird
- einfache, richtige Sätze zu bilden
- „ich" zu sagen
- Handlungen in Bilderbüchern sowie Geschichten zu verstehen

Sie können Ihr Kind unterstützen, indem Sie:
- seine Rollenspielideen mit ihm teilen
- mit ihm Bilderbücher anschauen und die Handlungen erzählen
- Geschichten erzählen
- ihm die Möglichkeit geben, mit anderen Kindern in Kontakt zu kommen, z. B. auf dem Spielplatz

Das Alter von drei bis vier Jahren

Der Kindergarten ist die erste Bewährungsprobe auf fremdem Terrain.

Ihr Kind tritt in diesem Alter durch den Besuch des Kindergartens aus dem vertrauten familiären Rahmen heraus. Es muss sich nun auf fremdem Terrain bewähren, mit Altersgenossen und fremden Erwachsenen in Kontakt treten. Mit diesem Heraustreten gehen wesentliche sozial-kognitive Entwicklungsschritte einher.

Der Entwicklungsprozess, den Ihr Kind durchläuft und der bis zur Einschulung noch nicht abgeschlossen ist, wird mit dem Begriff „Dezentrierung" bezeichnet. Während sich das Kind in den ersten eineinhalb bis zwei Jahren als „Nabel der Welt" betrachtet, als Zentrum allen Geschehens, hat es bereits mit dem dritten Lebensjahr begonnen, auch andere als handelnde Wesen wahrzunehmen. Im vierten Lebensjahr beginnt die Fähigkeit des Kindes, sich in andere Menschen und deren Vorhaben und Gefühle hineinversetzen zu können. Hierzu muss es die Perspektive wechseln können: Wie würde es dem anderen an seiner Stelle gehen? Was würde er fühlen, denken und wollen? Dies ist ein wesentlicher geistiger Entwicklungsschritt, der dringend notwendig ist für soziales Verhalten den Mitmenschen gegenüber. Es ist das Einfühlungsvermögen.

Das Kind entwickelt Einfühlungsvermögen.

„Äpfel sind gesund. Die musst du essen."

Das Spielverhalten

Diese Fähigkeit, sich in andere hineinversetzen zu können, zeigt sich im kindlichen Spielverhalten: Rollenspiele werden zunehmend interessanter. Hierzu eignen sich Spielsachen wie Puppe, Bär, Bauernhoftiere, Kaufladen, Kasperlefiguren, Puppenstubenspiele. Auch verrückte Fantasiespiele sind lustig und kreativitätsfördernd, z. B.: „Ich bin der Staubsauger und du bist der Krümel."

Nachdem man zunächst brummend über den Teppich gekrabbelt ist, schnappt man sich das Kind, und es kann daraus ein Knuddelspiel entstehen.

Spiele werden gemeinsam sprachlich geplant.

Mit zunehmendem Alter werden in diesen Spielen Planungen immer wichtiger. Man bespricht sozusagen vorher die Regieanweisungen für das folgende Spiel. Während des Spiels werden diese Regeln erweitert, verändert, präzisiert usw.

Hier besteht die Notwendigkeit, dass das Kind zwischen Realität und Fiktion unterscheiden lernen muss, was ihm erst allmählich möglich wird.

Beim Spiel mit einem großen Teddybär, in den man hineinfassen und so den Mund bewegen kann, reagiert Nora ängstlich: „Nein, weg, weg!" Sie ist erst entlastet, als wir den Teddy in eine große Schachtel einsperren.

Das Rollenspiel ist für die emotionale Entwicklung des Kindes von großer Bedeutung. Es sind die vielen, nicht unmittelbar realisierbaren Wünsche, die im Spiel Ausdruck finden und die Triebkraft sind für die Entwicklung des Kindes. Im Spiel kann das Kind Auto fahren (natürlich Porsche!), hier ist es bewunderte Trapezturnerin im Zirkus, Raumschiffbesatzungsmitglied, Eigentümerin einer Pferdeherde usw. Kinder können sich im Spiel als kompetent handelnd erfahren, ihre Vorhaben führen immer ans Ziel und zum Erfolg. Dies schafft eine tiefe innere Zufriedenheit und in der Folge letztlich psychische und physische Gesundheit.

Im Spiel zeigt sich, dass Kinder miteinander Spielsequenzen planen und absprechen. Die dreijährigen Kinder können schon 30 bis 45 Minuten beim gemeinsamen Spielthema bleiben.

Anfangs sind noch die vorhandenen Gegenstände Auslöser für die initiierte Spielhandlung. Das heißt, dass das Thema des Spiels sich nach dem vorhandenen Spielmaterial richtet. Später steht zuerst das Thema des Spiels fest und danach werden die benötigten Utensilien ausgewählt. Im vierten Lebensjahr nehmen Kinder für ihr

Spiel eher realistisches Spielmaterial (z. B. Holztiere, Puppenstuben-püppchen und -mobiliar) bzw. symbolischen Ersatz, der in den wesentlichen Merkmalen mit dem vorgestellten Gegenstand übereinstimmt (z. B. einen rechteckigen Klotz für einen Lastwagen, rote Perlen für Tomaten). Erst fünfjährige Kinder können niedrig realistisches Spielmaterial, das nicht aus sich heraus vermittelt, was es im Spiel sein könnte (Holzstangen, Wurzeln, Bretter usw.), für ihr Fantasiespiel nutzen und damit durch Bedeutungsgebung Spielwelten erzeugen.

Dreijährige Kinder können noch nicht während des Spiels die Ebenen wechseln und den Spielverlauf gemeinsam konstruieren. Dies wird erst im fünften Lebensjahr möglich.

Der Kontakt zur Umwelt

Die Sprache ist in diesem Alter das zentrale Mittel des In-Kontakt-Tretens zu der menschlichen und dinglichen Umwelt. Das Kind begleitet nun seine Handlungen sprachlich mit komplexen Sätzen, die hinweisgebend sind, wer was warum tut. Außerdem beginnt es, seine Erlebnisse oder Vorhaben mitzuteilen. Dazu muss es sich in den Gesprächspartner hineindenken können, um zu realisieren, dass dieser nicht alles aus seiner Kinderwelt weiß, dass er also Beschreibungen und Erklärungen braucht.

Das Kind teilt seine Erlebnisse mit.

David, 37 Monate (mit vor Abenteuerlust glänzenden Augen): „Heut bin is von der Hutse debumst!"

Mutter: „Oje, du bist von der Rutsche geplumpst. Hast du dir denn wehgetan?"

David: „Jaaa!!" (Mit dem Unterton: Wie kannst du das nicht wissen?) „Da hab is debutet!" (Da habe ich geblutet.)

Mutter: „Na, du Armer! Hat Claudia (die Erzieherin) dich getröstet und dir ein Pflaster gegeben?"

David: „Bis du dumm! Die ist doch dant!" (Die ist doch krank!)

Der Prozess, dass Kinder wissen, von welchen Kenntnisvoraussetzungen sie bei ihrem Gesprächspartner ausgehen können, ist erst im Schulalter mit ca. sieben Jahren abgeschlossen.

Die Frage „Warum?"
ist ein wichtiger
Entwicklungsschritt.

Im vierten Lebensjahr erkennt das Kind, dass Ereignisse nicht plötzlich eintreten, sondern in einem zeitlichen Zusammenhang zu „vorher" und „nachher" stehen.

Diese logischen Abfolgen und Zusammenhänge möchte es erfassen können. „Warum" wird zur zentralen Frage – und diese wird mit einer Häufigkeit gestellt, dass die erschöpften Befragten diese Situation mit dem Kommentar versehen: „Das Kind fragt mir Löcher in den Bauch."

Ihr Kind will nicht nur erfahren, wie die Welt funktioniert, sondern auch, wie verlässlich die Antworten der Eltern sind, und ob die Antworten bei anderen Befragten immer noch vorhersagbar sind.

Und jeder Befragte weiß, dass es teilweise wirklich faszinierende „kinderschwere" philosophische Fragestellungen sind, mit denen man da konfrontiert ist.

Die grammatikalischen Leistungen vervollkommnen sich durch diesen Prozess des Fragens und Antwortens. Das Kind produziert neben den verschiedenen Fragen „warum", „wann", „womit", „wozu" auch die erforderlichen Nebensätze „weil …", „wenn …", „zum …".

Man kann nun schon richtige Unterhaltungen mit dem Kind führen, da es sich mit seiner nächsten Frage bzw. mit seiner Antwort auf die gerade gemachte Aussage des Gesprächspartners bezieht.

Wenn Sie sich die Zeit nehmen, mit dem Kind gemeinsam „über Gott und die Welt" zu reden, fühlt sich das Kind einerseits als Person sehr wichtig genommen und wertgeschätzt, andererseits lernen Sie Ihr Kind und seine Hypothesen zum Funktionieren der Welt kennen, und das kann sehr faszinierend sein. Natürlich ist der sprachliche Austausch eine Unterstützung der weiteren Entwicklung der sprachlichen Fertigkeiten Ihres Kindes.

Mit dem vierten
Geburtstag ist die
Sprachentwicklung
im Wesentlichen
abgeschlossen.

Der vierte Geburtstag bezeichnet bezüglich der Sprachentwicklung eine wichtige Schwellenmarke. Die Sprachentwicklung sollte zu diesem Zeitpunkt abgeschlossen sein. Das heißt, dass das Kind bezüglich des Sprachverständnisses auch komplexe vorgegebene Strukturen nachvollziehen und umsetzen kann (z. B.: „Du musst noch deinen Schuh holen, der vom Balkon gefallen ist, damit er nicht nass wird, wenn es gleich regnet.").

Sein Wortschatz sollte einen angemessenen Umfang haben, so-dass es seine Gedanken treffend formulieren kann. Grammatikalisch sollte die Stellung der Wörter im Satz korrekt sein. Alle Nebensatz-konstruktionen sollten vorhanden sein. Die Vergangenheitsformen, bis auf manche unregelmäßige Ausnahmen (z. B. „Ich habe es ihm gebringt"), sollte das Kind beherrschen. Die Lautbildung sollte eben-falls weitgehend abgeschlossen sein. Das Lispeln tritt in diesem Al-ter noch häufig auf, sodass man es fast als „normal" einstufen könn-te. Gleichzeitig zeigt sich aber, dass gerade bei einer Unterstützung in diesem Alter die korrekte Lautbildung noch wesentlich leichter erarbeitet werden kann, als wenn man bis zu einem späteren Zeit-punkt abwartet.

Ihr Kind lernt:
- einen Perspektivenwechsel zu vollziehen
- sich in andere hineinzuversetzen
- logische Zusammenhänge zu erfassen
- Zusammenhänge zu erfragen: „Warum?"

Die Sprachentwicklung ist in den wesentlichen Punkten abge-schlossen.

Sie können Ihr Kind unterstützen, indem Sie:
- geduldig und ernsthaft die gestellten Fragen beantworten
- selbst Fragen an das Kind richten („Wann brauchst du das? Warum machst du das so?")
- viele Sprache fordernde Handlungen initiieren

Das Alter von vier bis sechs Jahren

Ihr Kind wird zunehmend selbstbewusst und unabhängig. Es sprüht vor Spielideen, die es am liebsten mit einer anderen Person, zuneh-mend mit anderen Kindern, verwirklicht.

Es spielt Rollenspiele, deren Ablauf mehr und mehr geplant wird. Zuerst hat es die Idee, dazu sucht sich das Kind die Gegenstände und Mitspieler, die es braucht.

Das Kind ist nun schon „groß" und sehr eigenständig.

Diese Planung erfordert die Fähigkeit, Abläufe gedanklich vorzubereiten, Variationen zu bedenken, Mitspieler zu instruieren, deren Ideen aufzunehmen, einzubeziehen und die eigene Idee blitzschnell anzupassen.

Mit vier Jahren ist die Seitendominanz von Hand, Auge, Ohr und Fuß festgelegt.

Ein „echtes" Vorschulkind

Ihr Kind lernt und übt den geschickten Umgang mit Schere, Stift, Messer und Gabel. Es bastelt und malt und ist mit sechs Jahren so weit, dass es den Stift sicher und unverkrampft über das Papier führen kann.

Die Einschulung als nächster einschneidender Abschnitt kommt näher und gewinnt sowohl für Sie („Ist mein Kind schulreif?") als auch für Ihr Kind (endlich bei den „Großen" im Kindergarten sein) an Bedeutung.

Die Sprachentwicklung bringt scheinbar keine auffälligen Neuheiten mehr. Ihr Kind versteht im Großen und Ganzen alles, was man ihm sagt.

Ist es zum Verständnis eines Satzes jedoch notwendig, dass der Satzbau genau erfasst wird, so hat ein vierjähriges Kind damit möglicherweise noch Probleme.

Es wird den Satz „Die Katze wird von der Maus gejagt" vermutlich darstellen, indem die Katze hinter der Maus herläuft. Das entspricht seinem Weltwissen.

Sätze, deren innere Reihenfolge nicht dem angesprochenen zeitlichen Ablauf entsprechen, verstehen erst Fünf- bis Sechsjährige sicher, z. B.: „Bevor du heute Nachmittag in den Kindergarten gehst, musst du mir beim Aufräumen helfen. Zuvor gehen wir einkaufen."

Es macht Spaß, mit Sprache zu spielen.

Die Sätze des Kindes bestehen aus Haupt- und Nebensätzen, es verwendet sicher verschiedene Zeiten (Vergangenheit, Gegenwart, Zukunft). Es sollte alle Laute, auch ‚s' und ‚sch', richtig bilden. Sein sprachlicher Ausdruck wird zunehmend sicher und variationsreicher.

Es spielt mit Sprache: Quatschwörter erfinden, „gewagte" Reime mit möglichst „verbotenen" Wörtern aufsagen, Witze erzählen.

Auszählverse und Klatschspiele schulen das Rhythmus- und Silbengefühl Ihres Kindes.

Seine Argumentationsfähigkeit und -bereitschaft nimmt zu.

Maria (fünfeinhalb Jahre alt) lehnt sich, nachdem sie die elterlichen Argumente für eine Familienaktivität am nächsten Tag nach Strich und Faden zerpflückt hat, zufrieden zurück und wendet sich mit folgenden Worten an ihre ältere Schwester: „Wenn du mal was nicht willst, helfe ich dir, dann red ich es ihnen aus!"

Freundschaften sind Ihrem Kind wichtig, es knüpft selbstständig Kontakte und pflegt sie. Bei der Freundin am Nachmittag das gestern unterbrochene Spiel fortzusetzen kann attraktiver sein, als die Oma zum Kaffee zu besuchen.

Eine ausgereifte Sprache erlaubt es, weitschweifende Gedanken mitzuteilen.

Die täglichen Abläufe im zeitlichen Zusammenhang kann es verstehen, die Uhrzeit kennt es noch nicht.

Ihr Kind ist neugierig und drängt danach, sein Weltwissen zu erweitern und mitzuteilen. „Heute habe ich mit Paul einen Drachen gebaut. Das blöde Ding ist nicht geflogen." Oder: „Soll ich dir zeigen, wie ich einen Pfeil schnitzen kann?"

Es interessiert sich für soziale Zusammenhänge, wie Geburt und Tod, Freundschaft, Verwandtschaft und fremde Kulturen. Es macht sich Gedanken über technische und naturwissenschaftliche Fragen: „Warum fährt ein Auto?" Oder: „Warum wird es dunkel?"

Seine Fragen, Erklärungen und philosophischen Gedankengänge in Worte zu fassen erfordert eine ausgereifte Sprache.

Unterstützen Sie Ihr Kind darin, seine Fähigkeiten auszuprobieren. Unsere Umwelt ist leider nicht so, dass wir unsere Kinder vor der Haustüre gefahrlos ihr „Abenteuer" erleben lassen können, und manchmal ist es unbequem und mit Aufwand verbunden, Kinder Erfahrungen machen zu lassen.

Aber es kann für alle Familienmitglieder bereichernd sein, im Wald eine Hütte zu bauen und die verschiedenen Vogelrufe zu zählen oder am Bach ein Wasserrad zu bauen.

Die Natur bietet viele Möglichkeiten, die Sinne zu schärfen. ►

Ihr Kind lernt:
- mit mehreren Kindern zu spielen
- Kontakte zu knüpfen und Freundschaften zu pflegen
- geschickt mit Werkzeug umzugehen
- konzentriert und ausdauernd an einer Sache zu bleiben
- Rollenspiele zu planen, zu differenzieren, mit anderen abzustimmen und ständig zu verändern
- Sprache auch in schwierigen Zusammenhängen richtig anzuwenden
- mit Sprache zu spielen (Reime, Lieder, Quatschwörter)
- argumentieren
- sich für soziale, technische und naturwissenschaftliche Zusammenhänge zu interessieren
- sich großes Weltwissen anzueignen

Sie können Ihr Kind unterstützen, indem Sie:
- ihm Bastelmaterial, Papier, Stifte, Werkzeug zur Verfügung stellen
- seine Freunde und Freundinnen einladen
- seine Neugierde nicht bremsen
- seine Fragen nicht mit Äußerungen wie „Dafür bist du noch zu klein" bremsen
- ihm zutrauen, seine Fähigkeiten einzuschätzen
- Sprachspielereien mit ihm machen (Unsinnwörter erfinden, reimen und Klatschspiele)

Spielerisch fördern

*Die Sprachentwicklung lässt sich spielerisch unterstützen.
Das macht Spaß und führt zu einem bewussten Umgang
mit Sprache. Die Vorschläge in diesem Kapitel dienen als
Anregungen, um eigene Spielideen zu entwickeln und
umzusetzen.*

Spiele für die Mund- und Gesichtsmotorik

Alle diese Spiele können auch bei einem Geburtstagsfest großen Spaß machen.

Neben einer guten Spannung der Muskulatur in und um den Mund ist für eine deutliche Aussprache auch eine geschickte Bewegungskoordination nötig. Die folgenden Spiele können die Mund- und Gesichtsmotorik unterstützen.

Blasspiele
- mit einem Strohhalm in das Badewasser blubbern
- Seifenblasen machen
- Watteblasen in ein Tor
- verschiedene Tröten und Pfeifen blasen
- Kerzen ausblasen
- einen Wasserfarbenklecks mit einem Strohhalm „zerblasen"

Saugspiele
- aus dem Strohhalm trinken (je dünner er ist, desto kräftiger muss man saugen)
- Papierschnipsel mit dem Strohhalm ansaugen (z. B. als Essen für die Tiere)
- aus Moosgummi geschnittene Formen ansaugen

◄ *Saugspiele trainieren Wangen, Lippen- und Zungenmuskulatur.*

Vor- und Nachmachspiele von Bewegungen
- Geschichten erfinden, z. B.:
  Die Zunge ist die kleine Maus. Am Morgen schläft sie noch und schnarcht: „Ch-sch, ch-sch." Dann klingelt der Wecker: „Rrrrr!"
  Die Maus steht auf und schaut heraus. *(Zunge herausstrecken)*
  Sie schaut nach oben, nach unten, nach rechts und nach links. *(Zunge entsprechend bewegen)*
  Da sieht sie, dass die Sonne scheint. „Ach, da gehe ich später auf den Spielplatz!", denkt sich die Maus. Aber zuerst muss sie noch ihr Haus putzen. Sie putzt das Dach. *(Die Zunge streicht am Gaumen hin und her.)*
  Die Geschichte nach eigenen Ideen weiterspinnen.

- Grimassen schneiden (für mehrere Kinder):
Die Kinder stehen im Kreis. Jedes Kind versteckt sein Gesicht hinter einem Kissen. Jedes Kind verzieht sein Gesicht zu einer furchtbaren Grimasse. Auf das Kommando eines Spielleiters nehmen alle Kinder ihr Kissen weg und man wird überrascht von den unterschiedlichen Grimassen. Die Kinder können dann versuchen, eine der Grimassen der anderen nachzumachen.

Spiele für die Hörwahrnehmung

Indem die Aufmerksamkeit auf das Hören gelenkt wird, kann man die Voraussetzung dafür schaffen, dass Kinder die Sprache differenzierter wahrnehmen. Es gelingt ihnen, ihre eigenen Sprachproduktionen mit denen der Kommunikationspartner zu vergleichen und möglicherweise Unterschiede festzustellen. Die Kinder versuchen dann in der Regel, sich selbst zu verbessern. Auf diese Weise entwickeln sie, sowohl was die Satzstruktur als auch was die Lautbildung betrifft, die korrekte Sprache.

Das genaue Hören und das Abspeichern der Hörerfahrungen sollten unbedingt trainiert werden.

Hörsuchspiel
- Man kann eine Aufziehspieluhr laufen lassen und so verstecken, dass man sie zwar hört, aber nicht sieht. Das Kind darf sie dann suchen.

Geräusche unterscheiden
- Man kann ganz ruhig im Wald sein und darf alles, was man hört, mitteilen.
- Man horcht, welche Geräusche es im Haushalt gibt, und nimmt diese auf Kassette auf. Man kann dann raten, was man eben gehört hat.
- Sie können auch verschiedene Geräusch- oder Musikerzeuger zusammensuchen (z. B. Schlüsselbund, Papier knüllen, Glöckchen, Kochlöffel im Topf usw.).
Alle Dinge liegen vor dem Kind. Nun dreht sich das Kind um, und Sie machen ein Geräusch. Das Kind darf raten, was es gehört hat.

▲ *Hör genau zu!*

83

Schwieriger wird es, wenn das Kind die Reihenfolge von mehreren Geräuschen erinnern muss.

Spiele für den Sprachrhythmus

Ein Gefühl für Rhythmik ist unerlässlich für das Lesenlernen.

Die Fähigkeit, Sätze und Wörter in ihre rhythmischen Grundelemente – die Silben – zerlegen zu können, ist eine wichtige Voraussetzung für das erfolgreiche Erlernen, Speichern und Wiedergeben von Sprache.

Für einen sicheren Schreib- und Leselernprozess ist es notwendig, dass Kinder ein inneres Wissen darüber haben, wie sich Wörter in kleinere Einheiten zerlegen lassen.

- **Auszählverse**
  Mutter, Mutter, wohin darf ich reisen? (für mehrere Kinder)
  Ein Kind ist die Mutter und sitzt oder steht den anderen Kindern in einigen Metern Abstand gegenüber.
  Das erste Kind fragt: „Mutter, Mutter, wohin darf ich reisen?"
  Die Mutter nennt nun ein Reiseziel, z. B. „Amerika" oder „Wien", und das Kind darf so viele Schritte machen wie das Wort Silben hat, bei A-me-ri-ka wären es vier Schritte. Dann kommt das nächste Kind an die Reihe. Wer nach ein paar Durchgängen als Erster bei der „Mutter" ankommt, darf sie ablösen.
  Die großen Kinder helfen den kleineren bei der Silbenteilung.

- **Vorklatschen (für mehrere Kinder)**
  Alle Kinder stehen im Kreis. Der Spielleiter klatscht seinem linken Nachbarn einen Rhythmus vor. Der übernimmt ihn und gibt ihn an seinen linken Nachbarn weiter und so weiter, bis der Klatschrhythmus wieder beim Spielleiter angekommen ist.
  Noch schwieriger wird es, wenn der Spielleiter inzwischen einen anderen Rhythmus auf die rechte Seite schickt, der ebenfalls weitergegeben werden muss. Da müssen alle sehr aufpassen, damit sie nicht durcheinander kommen.

- **Klingelingeling, so schellt's im Laden …**

  Zwei Kinder sitzen sich am Tisch gegenüber. Beide Kinder legen eine Hand auf den Tisch. Ein Kind beginnt und sagt den Vers:

  „Klin-ge-lin-ge-ling, so schellt's im La-den,

  gnäd-ge Frau, was woll'n Sie ha-ben,

  Kaf-fee o-der Tee?"

  Dabei tippt das Kind bei jeder Silbe einen der zehn Finger auf dem Tisch an. Das Kind, dessen Finger bei der letzten Silbe („Tee") angetippt wird, entscheidet, ob es Kaffee oder Tee will. Dann wird ausgezählt: Für jeden Buchstaben des gewählten Getränks ein Finger, also bei Kaffee sechs, bei Tee drei Finger. Der letzte Finger wird eingeknickt.

  So geht es abwechselnd weiter. Wer als Erster keinen ausgestreckten Finger mehr hat, hat verloren.

- **Sprechzeichnen**

  Rhythmische Verse, Gedichte und Lieder werden malend begleitet.

Sprechzeichnen: „Das Schiffchen schaukelt hin und her,
und bläst der Wind, dann schaukelt's noch mehr!"

Spiele zur Anregung von Sprechen und Sprache

Für Kinder ist Spielen eine Tätigkeit, zu der sie mit Begeisterung und Aufmerksamkeit jederzeit bereit sind. Wenn Eltern sich von dieser Begeisterung anstecken lassen, werden sie ein Gespür dafür entwickeln, welches Spiel zur Entwicklung ihres Kindes passt. Sprache gehört zum Spiel und in der gemeinsamen Beschäftigung wird sie zum verbindenden Element. Die folgenden Beispiele sollen Anregungen sein, der eigenen Fantasie zu vertrauen. Oft braucht man nicht viel Material, um gemeinsam mit dem Kind die Welt des Spielens zu entdecken.

- Bilderbücher anschauen und Geschichten erzählen
- Lieder singen
- Fingerspiele, Kniereiter, Tanz- und Kreisspiele:
  Häschen in der Grube, Backe-backe-Kuchen, Es tanzt ein Bi-Ba-Butzemann, Hoppe, hoppe Reiter…
- Rollenspiele:
  Puppenspiele, Kasperltheater, Verkleiden, Kaufladen, Vater-Mutter-Kind-Spiele, Arztspiele …
- Rituale:
  Morgens den Tag planen, am Abend den Tag besprechen, gemeinsam beten …

> Wichtig:
> Kinder müssen nicht ständig beschäftigt werden. Zeiten der Stille und auch der Langeweile sind wichtig, weil „leere Zeiten" die Kinder anregen, sie mit eigenen Ideen zu füllen.

Auffälligkeiten in der Sprachentwicklung

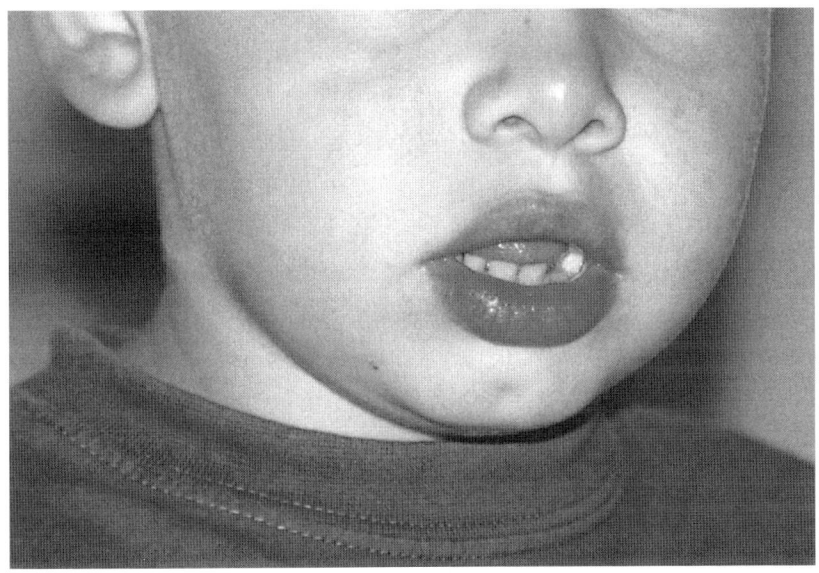

*Meist bemerken die Eltern selbst eine auffällige Sprach-
entwicklung bei ihrem Kind. Manchmal werden sie auch
von einer Erzieherin im Kindergarten auf Sprach- oder
Sprechprobleme des Kindes angesprochen. Auf jeden Fall
sollten Auffälligkeiten ernst genommen und der Rat von
Fachleuten gesucht werden.*

Die häufigsten Störungsbilder

Die Vielschichtigkeit der Sprachentwicklung birgt die Möglichkeit
einer Vielzahl von Störungen. Um sich im Dickicht der Fachbegriffe zurechtzufinden, sollen im Folgenden die häufigsten Störungsbilder in alphabetischer Reihenfolge erklärt werden.

Artikulationsstörung (synonym: Dyslalie)
Auffälligkeiten der Lautbildung:
- Das Kind lässt einen oder mehrere Laute weg; es sagt z. B. „Lume"
  statt „Blume".
- Das Kind ersetzt einen oder mehrere Laute durch andere Laute
  der Muttersprache, z. B. „Tamm" für „Kamm".
- Das Kind ersetzt den Laut durch einen anderen in der Muttersprache nicht vorkommenden; dazu gehört z. B. das „Lispeln" bei
  der Bildung des Lautes ‚s'.

Die Fachbegriffe für die häufigsten Lautfehlbildungen sind:
- Sigmatismus (betrifft ‚s')
- Schetismus (betrifft ‚sch')
- Rhotazismus (betrifft ‚r')
- Kappazismus (betrifft ‚k')
- Gammazismus (betrifft ‚g')

Je nach Anzahl der betroffenen Laute spricht man von „partieller"
(ein bis zwei Laute), „multipler" (drei bis fünf Laute) und „universeller" (mehr als sechs Laute) Dyslalie.

Dysgrammatismus
Auffälligkeiten der Grammatik:

- Die Sätze des Kindes fallen durch die falsche Reihenfolge der
  Wörter auf, z. B.: „Wir in den Kindergarten gehen."
- Das Kind lässt Wörter und/oder Satzteile weg, z. B.: „Papa Auto"
  oder „Peter Eis."
- Die Sätze des Kindes fallen durch die fehlerhafte Form der Satzteile auf, z. B.: „Ich laufen schnell." Oder: „Der Mann hat mit der
  Hund spielen."

Dyslalie (siehe Artikulationsstörung)

Dysphonie, kindliche
Auffälligkeiten der Stimme:
- Stimmklang und/oder Tonhöhe und/oder Lautstärke der kindlichen Stimme sind verändert, z. B. klingt die Stimme heiser, piepsig, rau.

Eingeschränkter Wortschatz (siehe Wortschatzdefizite)

Hörstörung
Auffälligkeiten in der Aufnahme und/oder Verarbeitung akustischer Reize:
- Der Säugling reagiert nicht auf die Stimme der Mutter.
- Der Säugling zeigt keine Schreckreaktion auf laute Geräusche.
- Das Kind wendet seinen Kopf nicht in Richtung der Schallquelle (ab ca. drei Monaten).
- Das Kind reduziert sein Plappern oder hört damit auf (ab ca. sechs bis sieben Monaten).
- Das Kind reagiert nicht, wenn es von hinten angesprochen wird.
- Das Kind leidet häufig an Ohrenschmerzen und/oder Mittelohrergüssen, dadurch hört das Kind zeitweise schlecht.

Mutismus
Auffälligkeit der Kommunikation in Form von Sprechverweigerung:
- Das Kind spricht nach erworbener Sprechfähigkeit bei normalem Gehör nicht mehr.
- Diese Sprechverweigerung kann entweder in bestimmten Situationen oder gegenüber bestimmten Personen auftreten (elektiver Mutismus).
- Die Sprechverweigerung kann ständig auftreten (totaler Mutismus).

Myofunktionelle Störung
Auffälligkeiten des Schluckens und der Muskelspannung im Mundbereich, vor allem der Zunge:

Auch Probleme mit der Muskelspannung im Mundbereich oder mit der Mundmotorik können Sprechprobleme verursachen.

- Die Zunge des Kindes drückt beim Schlucken gegen oder zwischen die vorderen und/oder seitlichen Zähne, die Folge sind häufig Zahnfehlstellungen.
- Die Zunge liegt in der Ruhelage an den unteren Schneidezähnen oder zwischen den Schneidezähnen. (Ruhelage bezeichnet die Position, die die Zunge einnimmt, wenn das Kind weder spricht noch isst. Die Zungenspitze sollte ruhig und unverkrampft hinter den oberen Schneidezähnen liegen.)
- Das Kind hat häufig den Mund offen.
- Das Kind spannt beim Schlucken die Lippen und/oder die Kinn-Muskulatur an.

Orofaciale Funktionsstörung

Auffälligkeiten der Saug- und Schluckfunktion bei Säuglingen:
- Für den Säugling ist es schwer, genug Nahrung aufzunehmen.
- Er hat Schwierigkeiten, kräftig zu saugen und/oder die Nahrung zu schlucken.

Poltern

Auffälligkeiten im Sprechablauf:
- Das Kind fällt durch hastiges, unrhythmisches, häufig unverständliches Sprechen auf.
- Häufig besteht eine Störung der Formulierungsfähigkeit.
- Das Kind hat Schwierigkeiten, sprachliche Abläufe in einen geordneten zeitlichen Ablauf zu bringen.
- Bei älteren Kindern kann auffallen, dass sie insgesamt Schwierigkeiten mit zeitlichen Abläufen haben, z. B. mit der eigenverantwortlichen Zeiteinteilung für den Schulweg.
- Die Abgrenzung der Störung zum Stottern ist nicht leicht, aber im Gegensatz zum Stottern verbessert sich das Sprechen des Polternden, wenn er auf sein hastiges, undeutliches Sprechen aufmerksam gemacht wird.

Rhinophonie

Auffälligkeiten in der Nasalität des Sprechens:
- Beim Sprechen entweicht zu viel Luft durch die Nase (offene Rhi-

nophonie), der Abschluss des Mundraums zum Nasenraum durch das Gaumensegel ist unvollständig.

- Beim Sprechen entweicht zu wenig Luft durch die Nase (geschlossene Rhinophonie), z. B. bei starkem Schnupfen oder bei adenoiden Wucherungen (im Volksmund als „Polypen" bekannt).

Sprachentwicklungsverzögerung (SEV)
Auffälligkeiten in allen vier Bereichen der Sprachentwicklung, in Sprachverständnis, Wortschatz, Artikulation und Grammatik:
- Die Sprachentwicklung läuft in allen genannten Bereichen zeitlich verzögert ab (siehe Artikulationsstörung, Dysgrammatismus, Sprachverständnisstörung, Wortschatzdefizite).

Sprachverständnisstörung
Auffälligkeiten im Verständnis der Bedeutung von Sprache bei intaktem Gehör:
- Die Bedeutung von Wörtern und Sätzen wird nicht verstanden.
- Diese Störung fällt im Alltag wenig auf, da das Kind häufig aus dem Situationszusammenhang, aus Gestik und Mimik des Gesprächspartners, den Sinn erschließen kann.

Manche Kinder haben Probleme, die Sprache hörend zu erfassen – trotz intaktem Gehör.

Störung der phonologischen Bewusstheit
Auffälligkeiten in der Fähigkeit, Wörter in kleinere Einheiten zu unterteilen:
- Das Kind kann alle Laute richtig bilden, ist sich aber in der Alltagssprache unsicher, welcher Laut an welche Stelle im Wort gehört.
- Das Kind kann ein Wort nicht durch Klatschen in seine Silbenstruktur zerlegen, z. B. Blu – men – topf (dreimal klatschen).
- Das Kind erkennt keine Reimwörter, z. B. Hase – Nase.
- Das Kind kann den ersten Laut eines Wortes, das mit einem langen Vokal beginnt, nicht erkennen. Es beantwortet die Frage „Hörst du ein ‚O' in ‚Opa'?" unsicher und eher zufällig.

Die oben genannten Fähigkeiten sollte ein Kind etwa ein Jahr vor der Einschulung erworben haben. Diese Fähigkeiten sind Voraussetzung für das sichere Lesen- und Schreibenlernen.

Stottern

Auffälligkeiten im Redefluss:

- Das Kind spricht unflüssig, indem es Silben oder Laute wiederholt („klonisches Stottern") und/oder
- indem es Laute dehnt und/oder
- indem es beim Sprechen mehr oder weniger krampfhaft blockiert („tonisches Stottern").
- Es können beim Stottern auffällige Bewegungen der Mimik oder der Motorik des ganzen Körpers auftreten (Mitbewegungen).
- Das Kind vermeidet Sprechen oder bestimmte Situationen.
- Das Kind zeigt emotionale Reaktionen auf sein Sprechen, z. B. Angst, Wut, Scham.

Wortfindungsstörung

„Das richtige Wort liegt mir auf der Zunge" – und man findet es nicht! Das erleben Kinder öfter.

Auffälligkeiten im raschen, sicheren Benennen:

- Dem Kind fällt das richtige Wort nicht ein, etwa vergleichbar mit dem Zustand, wenn einem ein Wort „auf der Zunge liegt".
- Im Gegensatz zu Wortschatzdefiziten (siehe dort) kennt das Kind das Wort, ihm fehlt lediglich momentan der Zugriff.
- Das Kind beschreibt mit anderen Worten den gesuchten Begriff, z. B. „zum Nudeln reintun und Pommes" für „Sieb".
- Das Kind kommentiert seine erschwerte Wortfindung, z. B.: „Ich kann's gerade nicht sagen."

Wortschatzdefizite (synonym: eingeschränkter Wortschatz)
Auffälligkeiten im Benennen:

- Dem Kind fehlen die Begriffe, um Dinge oder Handlungen altersentsprechend benennen zu können. Stattdessen verwendet es Ausdrücke wie „das Ding" oder „das da".
- Das Kind verwendet für verschiedene Dinge den gleichen Begriff, z. B. „heia" für „schlafen", „Bett", „Kissen", „müde".
- Selten tritt diese Störung isoliert auf, das Kind hat meist auch Probleme mit Sprachverständnis, Artikulation und Grammatik (siehe Sprachentwicklungsverzögerung).

*Klatschspiele fördern das Rhythmusgefühl
und die Sprachentwicklung.*

Wenn therapeutische Hilfe notwendig ist

Bei einem Verdacht auf eine Entwicklungsstörung Ihres Kindes sollte immer als Erstes der Kinderarzt/die Kinderärztin aufgesucht werden. Er/sie ist auf Ihre Beobachtungen und Einschätzungen angewiesen, denn die neun Vorsorge-Untersuchungen bis zur Einschulung dienen vor allem der Früherkennung von Krankheiten. Um Entwicklungsrückstände im Bereich der Sprache frühzeitig zu erkennen, sind sie unserer Meinung nach unzureichend. Zwischen der U 7 im Alter von zwei Jahren und der U 8 im Alter von vier Jahren ist keine Vorsorgeuntersuchung vorgesehen, aber gerade in dieser Zeit sollten sich Sprachverständnis, Grammatik und Artikulation, Wortschatz und Sprechfreude in großem Maße entwickeln.

Teilen Sie dem Kinderarzt/der Kinderärztin Ihre Bedenken mit, wird er/sie durch gezielte Tests den Sprachentwicklungsstand des

Je früher bei einer auffälligen Sprachentwicklung die Behandlung begonnen wird, umso kürzer ist in der Regel der Behandlungszeitraum. Außerdem kann es, je nach Gebiet, zu Wartezeiten auf einen Therapieplatz kommen.

Kindes untersuchen und bei Bedarf einen Logopäden/eine Logopädin hinzuziehen. Weil es immer wieder vorkommt, dass Kinder im Sprechzimmer keinen Ton sagen, ist es sinnvoll, wenn Sie einige typische Äußerungen Ihres Kindes aufschreiben, damit der Arzt/die Ärztin einen Eindruck von der Sprachentwicklung Ihres Kindes bekommt.

Adressen von Logopäden/Logopädinnen in Ihrer Nähe erhalten Sie entweder in der Kinderarztpraxis oder unter folgender Adresse:

Deutscher Bundesverband für Logopädie e. V. (dbl)
Augustinusstraße 11 a
50226 Frechen
Tel.: (02234) 691153
Fax: (02234) 965110

Die Kosten für eine logopädische Behandlung werden von Ihrer Krankenkasse übernommen.

Häufige Elternfragen

Die Fragen, die in unserer Praxis am häufigsten gestellt werden, möchten wir im Folgenden kurz beantworten, um Ihnen eine Einschätzung zu ermöglichen, welche Auffälligkeiten zu welchem Zeitpunkt noch normal sind und wann es sinnvoll wird, fachliche Hilfe in Anspruch zu nehmen.

Müssen wir unserem Kind den Schnuller abgewöhnen?

Wenn der Schnuller nur locker im Mund liegt, kommt es später oft zu Zahnfehlstellungen und Störungen der Lautbildung.

Saugen kann jeder gesunde Säugling und das Saugen ist zur Ernährung von Anfang an notwendig. Dabei werden alle Muskeln im Mund- und Rachenraum benötigt und trainiert. Das gleichmäßige, rhythmische Saugen beruhigt und entspannt Ihr Kind. Solange das Kind kräftig am Schnuller saugt, fördert dies seine Mundfunktionen.

Wenn Schnuller oder Fläschchen nur im Mund hängen, verkehrt sich der Nutzen allerdings ins Gegenteil. Die Zunge verliert die Kraft, ihre Ruhelage, also ihre Position hinter den oberen Schneidezähnen, zu halten. Sie wird durch den Sauger dazu „erzogen", breit und spannungslos (hypoton) an oder auf den unteren Zähnen zu ruhen, manchmal sogar auf die Unterlippe gestützt. Sie verliert ihre Fähigkeit, beim Schlucken kräftig gegen den Gaumen zu drücken. Stattdessen presst sie gegen die Zähne.

Wenn man bedenkt, dass jeder Mensch täglich etwa 2000-mal schluckt (essen, trinken, Speichelfluss) und die Zunge bei jedem Schluckakt einen Druck von 1 bis 3 kp aufbringt, presst sie bei falscher Zungenmotorik jeden Tag die Masse eines Nilpferdes gegen die Zähne!

Da verwundert es nicht, dass Zahnfehlstellungen eine häufige Folge sind.

Eine schwache Zunge, die sich weit nach vorn an oder zwischen die Zähne legt, findet auch beim Sprechen nicht die richtige Position für die Lautbildung. Hörbar ist dies dann beim „Lispeln": Bei der Bildung der Zischlaute ‚s' und ‚sch' schiebt sich die Zunge an oder zwischen die Zähne.

Durch den Schnuller, der locker im Mund liegt, ohne dass kräftig gesaugt wird, verlieren die Lippen die Kraft, die sie benötigen, um den Mundschluss zu halten. Ständig geöffnete Lippen sind die Folge (siehe Seite 98).

Säuglinge, die bei der Nahrungsaufnahme, egal ob sie gestillt oder mit der Flasche ernährt werden, kräftig saugen müssen, stillen aller Erfahrung nach ihr Saugbedürfnis so weit, dass sie zum Einschlafen nicht mehr unbedingt den Schnuller brauchen. Wenn der

Schnuller verzichtbarer Bestandteil des Einschlafens ist, wenn nach und nach die Gute-Nacht-Geschichte oder das 5-Minuten-Kuscheln mit Mama oder Papa das Einschlafritual bestimmen, wird es dem Kind nicht schwer fallen, mit etwa zwei Jahren ganz auf den Schnuller zu verzichten.

Die „Trostfunktion" des Schnullers nach einem Sturz oder einer Enttäuschung ist unbestritten. Wenn aber der Schnuller als Tröster unersetzlich wird, kann es für das Kind schwierig werden, irgendwann auf ihn zu verzichten.

Lassen Sie Ihr Kind schon frühzeitig erfahren, dass es ebenso Trost spendet, wenn es in den Arm genommen, gestreichelt oder mit Worten beruhigt wird, und dass Trost nicht nur dadurch möglich ist, etwas in den Mund zu stecken.

Ein zwei- bis zweieinhalbjähriges Kind sollte keinen Schnuller mehr haben.

Warum sabbert unser Kind?

Speichelfluss bei Kindern ist nur während der Zeit des Zahnens normal. Manchmal zeigen Kinder auch Speichelfluss, wenn sie gerade sehr konzentriert mit einer Sache beschäftigt sind und dabei nicht gleichzeitig sich selbst spüren können.

Hat das Kind auch später noch Speichelfluss und hat es meist den Mund geöffnet und atmet vielleicht auch durch den Mund, sollte es genauer untersucht werden. Zum Beispiel müsste bei einem Hals-Nasen-Ohren-Arzt abgeklärt werden, ob die Nasenatmung frei ist.

Wenn nicht durch die Nase geatmet werden kann, z. B. aufgrund vergrößerter Rachenmandeln (Adenome), muss das Kind den Mund geöffnet lassen, um die Atmung zu ermöglichen. So geschieht es viel leichter, dass Speichel herausläuft.

Wichtig wäre auch eine Überprüfung der Muskulatur durch eine Logopädin/einen Logopäden. Möglicherweise fehlt die Kraft, um die Lippen geschlossen halten zu können. Durch das Trinken mit dem Strohhalm lässt sich die Muskelkraft im Mundbereich verbessern.

Speichelfluss kann viele Ursachen haben. Das sollte beim Hals-Nasen-Ohren-Arzt abgeklärt werden.

Die Kinder, die ihren Speichel am Kinn immer wieder wegwischen, zeigen damit, dass sie ihn auf der Haut spüren. Bei Kindern, die auf ihren Speichelfluss nicht reagieren, ist anzunehmen, dass sie ihn nicht bewusst wahrnehmen und ihn nicht spüren. Vielleicht ist das Kind am ganzen Körper eher unempfindlich. Sie könnten seine taktile Wahrnehmung fördern durch Massieren der Haut mit verschiedenen Materialien, z. B. mit einem weichen Fellstück, mit einer kleinen Bürste, mit einem Frotteewaschlappen, oder indem Sie mit warmer Föhnluft die Haut anblasen usw.

Unser Kind hat immer den Mund offen, was können wir tun?

Durch Spiele kann man den Mundschluss stärken.

Fehlender Mundschluss ist in der Regel verbunden mit fehlender Nasenatmung. Das bedeutet, die Atemluft wird bei der Einatmung durch den Mund weder angewärmt noch gereinigt. Die Folge ist häufig eine erhöhte Anfälligkeit für Infekte im Nasen-Rachen-Bereich. Schnupfen verhindert seinerseits wiederum die ungestörte Nasenatmung. Diesen Teufelskreis gilt es zu durchbrechen.

Zuerst muss durch einen Hals-Nasen-Ohren-Arzt abgeklärt werden, ob eine ungestörte, ausreichende Nasenatmung möglich ist oder ob z. B. durch „adenoide Wucherungen" (im Volksmund als „Polypen" bezeichnet) im Rachen oder durch zu enge Nasengänge der nasale Atemweg behindert ist.

In den meisten Fällen liegt eine Schwäche der Lippen- und Wangenmuskulatur vor, die verhindert, dass das Kind die Lippen über längere Zeit locker geschlossen halten kann.

Zur Stärkung dieser Muskulatur kann man mit dem Kind z. B. Saugspiele machen, wie mit dem Strohhalm verschiedene kleine Gegenstände ansaugen (siehe Seite 82). Man kann es als Wettspiel in der Familie veranstalten. Wer das schwerste Teilchen hoch saugen kann, hat gewonnen.

◄ *Mundatmung bei schwacher Muskulatur beeinträchtigt auch die Aufmerksamkeit.*

Ein anderes beliebtes Spiel, besonders zur Weihnachtsbackzeit, ist die „Quak-Ente": Eine Backoblate wird halbiert und so zwischen die Lippen gelegt, dass die Rundungen wie ein Schnabel nach außen zeigen. An den feuchten Lippen klebt die Oblate und man kann dann den „Schnabel" auf und zu klappen.

Sollen wir Babysprache vermeiden?

Eltern aller Kulturen verwenden im ersten und zweiten Lebensjahr intuitiv eine so genannte „Babysprache". Damit sind die vereinfachenden Wörter gemeint, die häufig Silbenwiederholungen sind: „Wauwau" für Hund, „gagag" für Ente, „hamham" für Essen, „heia" für Schlafen usw. Die gebrauchten Vereinfachungen sind für das kleine Kind am Sprachbeginn leichter zu bilden und durch die Wiederholungen kann es sie sich auch besser merken. Im Grunde lassen sich diese Babywörter nahtlos aus der zweiten Lallphase, die um den achten Lebensmonat beginnt, entwickeln, in der das Kind mit Silbenmonologen experimentiert. Auch „Mama" und „Papa" entstehen durch Wiederholung einer solchen einfach zu bildenden Silbe. Insofern ist es sicherlich sinnvoll, in dieser frühen Zeit Babysprache anzubieten. Das Kind kann sich so auf die schnellste Weise am „Gespräch" beteiligen. Es erfährt rasch einen Erfolg seiner sprachlichen Bemühungen und erkennt, wozu Sprache dient: um sich mitzuteilen und auszutauschen.

Allerdings sollte immer auch die „richtige" Sprache begleitend angewandt werden. Das Kind braucht den Kontakt mit den Wörtern und der Grammatik der Erwachsenensprache, um sie später selbst gebrauchen zu können. Lange bevor es selbst zu sprechen beginnt, ist es, für die Außenstehenden oft kaum erkennbar, damit befasst, Regeln aus der vorgegebenen Sprache abzuleiten.

Daher ist es wichtig, dass im Kontakt mit dem Kind nicht nur Babysprache verwendet wird. Das Kind entwickelt sich sehr rasch und erlernt Sprache in einem rasanten Tempo innerhalb der ersten vier Lebensjahre. Man kann also schon früh beginnen, die Babywörter mit dem Erwachsenenwortschatz zu verbinden.

Eine vereinfachte Sprache kann anfangs durchaus verwendet werden, allerdings in Kombination mit korrekten Satzstrukturen.

Ein Beispiel:
Kind: „Mama, da Wauwau!"
Mutter: „Ja, stimmt, da ist ein Wauwau-Hund, nicht wahr? Der Hund macht wauwau."

Meistens reden die Eltern mit ihren Kindern in der frühen Phase der ersten beiden Lebensjahre in der dritten Person von sich und vom Kind.

Vater: „Schau, der Papa macht dem Tom Essen."

Mit zweieinhalb bis drei Jahren sollte das Kind sich mit „ich" benennen und das Gegenüber mit „du". Das ist ein großer Schritt für das Kind (siehe Seite 14), den es nur bewältigen kann, wenn es genügend Erfahrungen sammeln konnte mit „ich" und „du". Das heißt, dass es bereits mit ca. zwei Jahren sinnvoll wird, damit zu beginnen, in der ersten Person von sich zu sprechen und in der zweiten vom Kind:

*Vater: „Schau, **ich** mache jetzt das Essen. **Du** hast sicher Hunger? **Ich** auch! **Ich** habe auch Hunger."*

Unser Kind ist drei Jahre alt und sprechfaul

Scheinbarer „Sprech-faulheit" liegt fast immer eine Störung zugrunde.

Die Sprachentwicklung aller Kinder folgt den gleichen Entwicklungsschritten, jedoch hat jedes Kind seine eigene Geschwindigkeit, diese Schritte zu durchlaufen. Mit etwa drei Jahren sollten auch die „Spätentwickler" über einen Wortschatz von mindestens 100 Wörtern verfügen und diese zu Mehrwortäußerungen verbinden. Sie sollten ihre Wünsche sprachlich mitteilen können und das Bedürfnis nach sprachlicher Kommunikation zeigen. Andernfalls wäre es wichtig, die Hörfähigkeit bei einem Hals-Nasen-Ohren-Arzt prüfen zu lassen.

Der manchmal geäußerte Verdacht, das Kind sei „sprechfaul", hat sich in unserer Praxis noch nie bestätigt. „Faulheit" bedeutet, die eigene Bequemlichkeit ist größer als das Bedürfnis, sich mitzuteilen. Wer einmal erlebt hat, wie unglücklich oder zornig ein Dreijähriger sein kann, wenn er nicht verstanden wird, wird diese Erklärung nicht gelten lassen.

Generell sind Kinder nicht faul. Sie sind immer bereit, mit Elan und Freude an eine Aufgabe zu gehen, wenn ihr Interesse geweckt ist. Sie sind stolz, wenn sie etwas gelernt haben, und zeigen gerne, was sie können.

Die Besorgnis von Eltern, deren Kind mit drei Jahren nicht oder kaum spricht, ist berechtigt.

Beobachten Sie Ihr Kind und beantworten Sie folgende Fragen:

- Wie nennt das Kind sich selbst? Benützt es persönliche Fürwörter wie „ich", „mein", „du", „dein"?
- Was tut es, wenn es Hilfe braucht, z. B. beim Öffnen eines Schrankes, beim Schließen seiner Schuhe? Zieht es Sie am Ärmel oder benutzt es Wörter wie „auf", „zu", „hilf mir"?
- Sucht es den Blickkontakt mit Ihnen, wenn Sie es ansprechen oder wenn es etwas von Ihnen will?
- Begleitet es sein Spiel mit Wörtern, Geräuschen, Lauten?
- Wie zufrieden und ausgeglichen ist Ihr Kind?

Leider appellieren Kinderärzte häufig an die Geduld der Eltern und raten zum Abwarten. Dem Kind geht aber auf diese Weise viel Sprach- und Sprecherfahrung in einer wichtigen Entwicklungsphase verloren.

Viele Kinder mit Sprachentwicklungsverzögerung werden als aggressiv beschrieben. Ihnen fehlt die Möglichkeit, sich sprachlich auseinander zu setzen und ihre Wünsche und Bedürfnisse mitzuteilen. So bleibt ihnen oft nur der Weg, mit ihren Fäusten zu handeln.

Es ist auf jeden Fall zu empfehlen, einen Logopäden/eine Logopädin aufzusuchen, der/die den Entwicklungsstand des Kindes beurteilt und feststellt, ob fachliche Hilfe notwendig ist. Die Meinung, Logopäden könnten mit Kindern erst „arbeiten", wenn diese zur „Mitarbeit" motiviert werden können, ist falsch. Logopädische Therapie findet immer spielerisch statt.

> Je früher notwendige therapeutische Unterstützung gesucht wird, umso besser wird die für die Kinder wichtige Entwicklungszeit ausgeschöpft und umso kürzer ist in der Regel der Behandlungszeitraum.

Unser Kind verdreht die Sätze

Dysgrammatismus geht oft mit einer Sprachentwicklungsverzögerung einher.

Zwischen drei und vier Jahren spricht das Kind in Sätzen. Dies bedeutet die Aneinanderreihung von Wörtern verschiedener Klassen (Hauptwörter, Tätigkeitswörter, Eigenschaftswörter, Fürwörter usw.) nach den Regeln der jeweiligen Sprache.

Ist die Reihenfolge der Wörter vertauscht oder werden Wörter in der falschen Form verwendet, so spricht man von Dysgrammatismus. Das Kind kann die Regeln noch nicht anwenden.

Es kann auch sein, dass die Verarbeitung von Hörreizen im Gehirn gestört ist. Von diesen Kindern werden dann z. B. unbetonte Silben nicht wahrgenommen und damit unbetonte Satzteile weggelassen, z. B.: „Ich hab de Hund ein Knochen geben."

Es nützt in diesem Fall nichts, richtige Sätze zu üben oder nachsprechen zu lassen, sondern es ist notwendig, dass das Kind die Regeln, die der Sprache zugrunde liegen, erfasst und anwendet.

Folgendes hilft Ihnen, Ihr Kind dabei zu unterstützen:

- Beziehen Sie Ihr Kind in alltägliche Tätigkeiten ein und geben Sie ihm so die Möglichkeit, das Nacheinander von Abläufen und deren Regeln zu erfahren und zu begreifen.
- Benennen Sie Ihre Tätigkeiten oder die Ihres Kindes während des Tuns.
- Benutzen Sie einfache, klare Sätze.
- Beantworten Sie die Fragen Ihres Kindes.
- Im Vordergrund Ihrer Gespräche sollte immer stehen, was Ihnen Ihr Kind mitteilen will, und nicht, wie es das tut. Die Sprechfreude Ihres Kindes ist wichtig und sein Gefühl: „Was ich sage, ist wichtig und interessant."
- Reagieren Sie auf die falschen, verdrehten Sätze Ihres Kindes nicht, indem Sie es auf den Fehler hinweisen. Reaktionen wie „Das war aber nicht richtig" oder „Das heißt richtig so …, sag's noch mal" sollten Sie vermeiden. Hinweise dieser Art helfen Ihrem Kind nicht, die Regeln zu verstehen, sondern geben ihm das Gefühl „irgendwie nicht richtig zu sein". Das hemmt die Sprechfreude und bedrückt Ihr Kind.

- Besser ist es, den falschen Satz aufzunehmen und ihn passend zur Situation in einer richtigen Form wiederzugeben, z. B.:
  Kind: „Papa, Mama Auto fahren."
  Vater: „Ja, Mama fährt mit dem Auto. Sie fährt in die Stadt. Mama fährt mit dem Auto, weil sie einkaufen geht."
  Kind: „Mama Joghurt kaufen?"
  Vater: „Mama kauft bestimmt Joghurt. Sie hat aufgeschrieben, dass sie Joghurt kaufen muss. Sie kauft Erdbeerjoghurt und Bananenjoghurt. Welchen Joghurt willst du essen, wenn sie kommt?"
  Diese Form der „verbesserten Wiederholung" oder „korrigierten Rückmeldung" (corrective feedback) benutzen Eltern meist unbewusst von Anfang an. Sie ermöglicht es dem Kind, sein Gesprochenes unmittelbar mit dem der Eltern zu vergleichen. Es nimmt die richtige Form auf und wird sie verarbeiten, ohne bewusst verbessert worden zu sein (siehe Seite 117 f.).

Ordnung im Handlungsablauf führt zu Ordnung im Satzbau. ▶

Damit Kinder die Regeln der Grammatik lernen, müssen sie
- viele richtige Sätze hören,
- ihr eigenes Handeln mit Sprache begleiten und es von den Eltern sprachlich begleitet erfahren,
- ihr Gesprochenes vergleichen können mit den richtigen Sätzen der Eltern.

Häufig ist der Dysgrammatismus Teil einer allgemeinen Sprachentwicklungsverzögerung. In diesem Fall ist nicht nur die Grammatik auffällig, sondern auch die Bereiche Sprachverständnis, Wortschatz und Artikulation sind nicht altersgemäß entwickelt.

Unser Kind kann manche Laute noch nicht sprechen

Mit dem vierten Geburtstag sollte Ihr Kind alle Laute korrekt sprechen können. Am dritten Geburtstag sollten die meisten Laute schon

Lautfehlbildungen können auf Hörschwächen oder auf motorisches Unvermögen zurückgehen.

gesprochen werden. Wenn hier noch ‚k'-,t'-Verwechslungen auftreten, das ‚r' noch nicht gekonnt wird und die Laute ‚s', ‚sch' und ‚ch' gelispelt werden, ist dies noch normal.

Sind Laute fehlgebildet, lautet der Fachbegriff dafür „Dyslalie". Je nachdem, welche Lautfehlbildungen auftreten, kann die Diagnose präziser lauten: Sigmatismus, Rhotazismus, Kappa-/Gammazismus usw. (siehe Seite 88). Grundsätzlich sollte man bei Lautfehlbildungen zunächst bei einem Hals-Nasen-Ohren-Arzt abklären lassen, ob das Gehör prinzipiell in Ordnung ist.

Lautfehlbildungen können, wenn das Gehör intakt ist, zwei sehr unterschiedliche Ursachen haben:

1. Es kann ein *motorisches Unvermögen* vorliegen. Das heißt, das Kind kann die für den entsprechenden Laut erforderlichen Bewegungen nicht ausführen, nicht die entsprechende Muskelspannung aufbringen, den Luftstrom nicht in der nötigen Weise dosieren. Für die Lautbildung bei ‚sch' ist beispielsweise ein eher kräftiger Luftstrom nötig im Vergleich zu ‚s', bei dem die Luft viel feiner entweicht. Häufig treten die motorischen Auffälligkeiten kombiniert mit taktil-kinästhetischen Einschränkungen auf. Das bedeutet, dass das Kind nicht spürt, an welcher Stelle die Zunge platziert werden muss, in welcher Weise die Lippen bewegt werden müssen und welche Muskelspannung dazu jeweils nötig ist. Hier kann man spielerisch ausprobieren, ob das Kind beispielsweise klingeln kann wie ein Wecker: „Rrrrr!", oder zeigen kann, wie sich das Geräusch eines Zugs anhört: „Sch-sch-sch". Sobald das Kind die Laute einzeln wiederholt korrekt bilden kann, ist dies ein Zeichen dafür, dass es keine motorischen oder taktil-kinästhetischen Probleme damit hat.

Wenn die korrekte Lautbildung noch nicht gelingt, ist es sinnvoll, spielerisch die Mundfunktionen zu üben: durch Blas- und Ansaugspiele, durch Grimassieren und das Erfinden von Geräuschen mit Zunge und Lippen, durch Zungenbewegungen jeder Art usw. (siehe Seite 82 f.). Auf diese Weise macht das Kind Erfahrungen mit den Bewegungsmöglichkeiten der Artikulationsorgane und kann

◄ *So faucht der Löwe: „Chchchch".*

daraufhin später die Bewegungen besser willkürlich steuern. Es wird ihm dann leichter fallen, die richtige Lautbildung zu erlernen. Manche Kinder haben ein angewachsenes Zungenbändchen. Wenn man die Zunge anhebt, kann man dies sehen. Wenn das Zungenbändchen bis weit vorne, vielleicht sogar bis zwischen die unteren Schneidezähne, angewachsen ist, behindert es die Zungenfunktion erheblich. Eventuell muss das Zungenbändchen von einem Kieferchirurgen oder Zahnarzt getrennt werden, damit die Beweglichkeit der Zunge gewährleistet ist und Zahn- und Kieferwachstum nicht beeinträchtigt sind.

2. Es kann eine *Schwierigkeit der Hördifferenzierung* vorliegen.
   Das bedeutet, dass das Kind, obwohl die Hörfunktion normal ist, die feinen Unterschiede der Sprachlaute noch nicht wahrnehmen kann. Dies ist eine Verarbeitungsschwäche im Gehirn. Laute, die sehr ähnlich klingen (‚k' und ‚t', ‚sch' und ‚s'), werden beim Hören und deshalb auch beim Sprechen verwechselt.
   Zu Hause können Sie Ihr Kind unterstützen, indem Sie es im Alltag immer wieder auf Geräusche und Klänge hinweisen.
   Ein Beispiel:
   Mutter: „Hör! Was rauscht da? Das Wasser, ja. Papa lässt das Wasser in die Badewanne einlaufen."
   Oder Sie prüfen im Spiel, welche Geräusche man mit welchen Dingen erzeugen kann. So richtet das Kind seine Aufmerksamkeit auf diesen Sinneskanal. Außerdem können Sie Spiele mit Klängen anbieten. Das Kind darf dann beispielsweise zeigen, welches Geräusch es gehört hat, wenn Sie ihm aus drei verschiedenen, aber ähnlich klingenden Möglichkeiten eine vorgeben.
   Diese Vorschläge können eine gute Basis schaffen für die späteren Differenzierungsübungen mit Sprachlauten. Die weiterführenden Übungen müssten unter fachlicher Anleitung bei einem Logopäden/einer Logopädin durchgeführt werden.

Wie lässt sich die Ursache erkennen?
Wenn ein Kind ähnlich klingende Laute verwechselt, z. B. ‚p'-,t'-,k':
„Pasper" statt „Kasper", „Tatoffel" statt „Kartoffel", oder ‚s' und

,sch': „Saf" statt „Schaf", weiß man zunächst nicht, welche Art von Auffälligkeit vorliegt: Hat dies eher eine motorische/taktil-kinästhetische Ursache? Ist es ein Zeichen für eine eingeschränkte Hördifferenzierungsfähigkeit? Oder spielen beide Faktoren eine Rolle?

Wenn ein Kind mit drei Jahren noch sehr undeutlich spricht, sollte es in einer logopädischen Praxis vorgestellt werden.

Wenn das Kind mit drei Jahren noch sehr undeutlich spricht und vielleicht nur von den engen Bezugspersonen verstanden wird, sollte es auf alle Fälle bei einem Logopäden/einer Logopädin vorgestellt werden, damit eine Abklärung stattfinden kann. Es zeigt sich dann, ob es ausreichend ist, die Eltern zu spielerisch unterstützenden Übungen anzuleiten, oder ob eine logopädische Behandlung begonnen werden sollte.

Auf alle Fälle sollte man mit einer Abklärung nicht zu lange warten, was leider immer noch häufig empfohlen wird. Es sollte die sensible Phase des Sprechenlernens genutzt werden. In dieser Zeit gelingt es dem Kind am leichtesten und auf spielerische Weise, die Sprache und das Sprechen korrekt zu erlernen. Das Kind braucht vor der Schulzeit schon sehr genaue Eindrücke der korrekten Lautung der Wörter, um sie später auch richtig schreiben zu können.

Man konnte nachweisen, dass ein hoher Prozentsatz der Kinder, die später eine Lese-Rechtschreibschwäche entwickelten, als Kinder Lautfehlbildungen zeigten.

Lautfehlbildungen sind durch eine logopädische Behandlung im Vorschulalter sehr gut therapierbar.

Stottert unser Kind?

In dem Zeitraum zwischen zweieinhalb und viereinhalb Jahren treten bei fast allen Kindern „normale Unflüssigkeiten" während des Sprechens auf. Diese Phase wird auch „physiologisches Stottern" oder „Entwicklungsstottern" genannt.

Die Kinder wollen die Fülle ihrer Ideen, Erlebnisse und Fragen in Worte fassen. Dazu ist es nötig, die Gedanken zu ordnen und die Mitteilung in der richtigen Reihenfolge in verständlichen Sätzen auszudrücken. Diese Fülle der „Gehirnakrobatik" kann in einer gewissen Zeit der Sprachentwicklung dazu führen, dass die Kinder ins „Stolpern" kommen. Sie wiederholen Satzteile oder Wörter, selten Silben, unterbrechen ihr Sprechen, um die Fortsetzung des Satzes zu organisieren, oder dehnen den Anfangslaut eines Wortes. Tritt bei einem Kind in diesem Alter diese Art der Unflüssigkeit auf, brauchen sich Eltern keine Sorgen zu machen und können gelassen abwarten, bis diese Phase vorübergeht.

Wenn das Kind aufgeregt ist und seine Erlebnisse erzählen möchte, „verheddert" es sich leicht in der Sprache.

Unterstützen Sie Ihr Kind darin, positive Sprecherfahrungen zu machen, fördern Sie seine Erzählfreude, indem Sie an seinen Mitteilungen Interesse zeigen, und nehmen Sie die Unflüssigkeiten als das, was sie sind: Anzeichen für die fortschreitende Sprachentwicklung Ihres Kindes. So wie Kinder zum sicheren Laufenlernen stolpern, fallen und wieder aufstehen, so „stolpern" sie auch beim Erlernen des flüssigen Umsetzens ihrer Gedanken in Sprache.

Sollte das „Entwicklungsstottern" länger als ein halbes Jahr andauern, besteht die Möglichkeit, dass sich ein „echtes" Stottern entwickelt.

Die Unterscheidung des „Entwicklungsstotterns" vom „echtem" Stottern mit „symptomatischen Unflüssigkeiten" ist für Laien nicht einfach, es gibt aber einige Anzeichen, die Eltern erkennen können:

- Das Kind wiederholt vermehrt Silben oder Laute, während es beim Entwicklungsstottern Satzteile oder Wörter wiederholt.
- Die Wiederholungen oder Dehnungen sind nicht mehr locker, sondern von hör- und manchmal sichtbaren Spannungen begleitet, z. B. „Hängenbleiben" an einem Laut oder Zusammenpressen der Lippen.
- Das Kind bricht während oder nach einem Stottersymptom resigniert das Sprechen ab.
- Das Kind vermeidet Sprechen.

Die Ursachen für Stottern sind letztlich nicht bekannt. Eltern haben weder in der Erziehung versagt, noch ist Stottern Ausdruck einer psychischen Störung.

Man geht vielmehr davon aus, dass bei der Entstehung des Stotterns unterschiedliche Faktoren zusammenwirken. Wie und welche verschiedenen Faktoren zusammenwirken müssen, damit Stottern entsteht und aufrechterhalten wird, ist allerdings noch unbekannt.

Manchmal bekommen die Eltern stotternder Kinder den Rat, das Stottern einfach zu ignorieren und so zu tun, als ob sie es nicht hören würden. Gleichzeitig machen sich die Eltern natürlich weiterhin Sorgen über das Sprechen ihres Kindes und werden selbstverständlich auch darauf reagieren, indem sie z. B. den Blick abwenden oder kurz die Luft anhalten, wenn das Kind stottert.

Auf einer nichtsprachlichen Ebene vermitteln sie damit ihrem Kind die Botschaft: „Was du da beim Sprechen machst, ist so schlimm, dass man gar nicht darüber reden darf." Das Stottern wird dadurch mit einem Tabu belegt.

Wenn das Kind bemerkt, dass sein Sprechen anders ist als bei anderen Kindern, kann es sich in diesem Fall nicht entlasten, denn es ist ihm die Möglichkeit genommen, über sein Stottern zu sprechen. Diese Belastung kann ein Faktor sein, der das Stottern aufrechterhält.

Wenn es Eltern gelingt, das Stottern ihres Kindes im Moment als eine Tatsache hinzunehmen, die sie bemerken, die aber ihrer Liebe zum Kind keinen Abbruch tut, geben sie damit dem Kind die Möglichkeit, über seine Ängste und seine Ohnmacht zu sprechen.

Haben Eltern die Vermutung, dass ihr Kind stottert, sollten sie so früh wie möglich Rat bei einer Fachperson suchen. Jeder Kinderarzt wird die Sorge ernst nehmen.

Auch wenn die Ursachen noch nicht geklärt sind, gibt es eine ganze Reihe von Behandlungsmöglichkeiten im Vorschulalter. Je früher logopädische Hilfe in Anspruch genommen wird, desto größer sind die Erfolgsaussichten.

Unser Kind interessiert sich nicht für Bücher und Lieder

Man stellt es sich gemütlich und verbindend vor, dem Kind Bilderbücher vorzulesen und miteinander Lieder zu singen. Wenn aber das Kind den Eindruck macht, es würde gar nicht zuhören, es vielleicht sogar aufsteht und wegläuft oder unentwegt mit etwas anderem beschäftigt ist, fühlt man sich enttäuscht oder wird auch wütend auf das Kind. Es kann sogar sein, dass man die Ablehnung des Angebots auf sich bezieht und traurig wird.

Kinder, die Bücher ablehnen, werden häufig als unruhig bezeichnet, weil sie auch im Kindergarten nicht ruhig in den Vorleserunden sitzen oder nicht am Erlernen von Liedern teilnehmen, sondern unterwegs sind, um sich einer anderen Beschäftigung zuzuwenden. Um das Kind vor Fehlinterpretationen durch die Umwelt zu schützen („Kasper", hyperaktives Kind, ungezogenes Kind, Kind mit ADS = Aufmerksamkeitsdefizitsyndrom usw.), ist es nötig, dieses Verhalten zu verstehen.

Diese Kinder scheinen vom Geschichtenerzählen oder von Liedern nicht zu profitieren. Es wird ihnen in solchen Situationen langweilig und es ist selbstverständlich, dass sie nach anderen, für sie interessanten Dingen suchen.

Wenn ein Kind sich nicht für Geschichten interessiert, ist oft die Hörverarbeitung gestört.

Es gibt verschiedene mögliche Gründe für dieses Verhalten:

- Vielleicht ist einfach der Inhalt der Geschichte für das Kind mit seinen Sprachfertigkeiten noch zu schwierig. Sie könnten mit einfacheren Geschichten und Liedern ausprobieren, ob Sie seine Aufmerksamkeit gewinnen können.
- Wichtig wäre auch die Überprüfung der Hörfähigkeit. Sollte das Kind eine Hörstörung haben, evtl. auch als vorübergehende Einschränkung bei Mittelohrprozessen, kann das Kind von dem Gesprochenen oder dem Gesang kaum etwas wahrnehmen, bzw. es kostet eine große Anstrengung, daraus brauchbare Inhalte zu erhalten. Stellen Sie sich vor, Sie hätten Oropax in den Ohren und müssten so einem längeren gesprochenen oder gesungenen Text folgen. Das wäre auch für Sie sehr anstrengend. Zur Abklärung sollte ein Hals-Nasen-Ohren-Arzt aufgesucht werden.
- Möglich ist auch, dass trotz intaktem Hörorgan die Hörverarbeitung im Gehirn nicht „normal" verläuft. Das Kind hat dann Schwierigkeiten mit der Auswertung der Höreindrücke, die im Gehirn ankommen. Ein grober Vergleich wäre, wenn Ihnen in einer Fremdsprache ein Buch vorgelesen wird und Sie diese Sprache nur bruchstückhaft beherrschen. Obwohl Sie perfekt hören und sich zu Beginn vielleicht auch interessiert damit beschäftigen, aus dieser Geschichte einen Inhalt entnehmen zu können, wird es

doch schnell sehr anstrengend und Sie werden sich anderen Dingen zuwenden.

Ihrem Kind ergeht es ähnlich, es reagiert aber noch spontaner. Diese Kinder müssen die Hörverarbeitung erst lernen. Dies erfolgt über einen Prozess, der bei der Höraufmerksamkeit beginnt. Sie könnten also beispielsweise den nächsten Spaziergang nutzen, um sich mit Ihrem Kind in der Umwelt forschend umzuhören. Was macht Geräusche? Welche sind laut, welche leise? Wie hört es sich an, wenn man über den Kiesweg läuft, und welche Geräusche entstehen beim Laufen im Laub? Auch zu Hause können Sie gemeinsam mit Geräuscherzeugern experimentieren. Vielleicht möchten Sie eine Kassette aufnehmen mit verschiedenen Geräuschen, die Sie dann beim Abspielen gemeinsam wiedererkennen können.

Dann kann man auch auf Sprache lauschen:

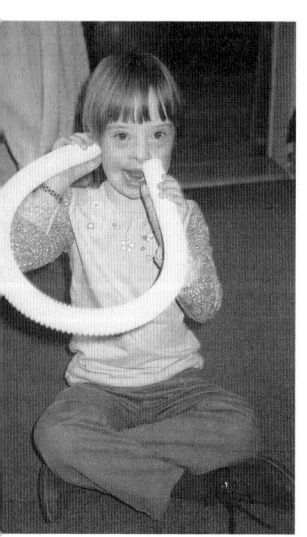

- Sie flüstern Ihrem Kind z. B. über den Hörschlauch (Sie können im Baumarkt ein Elektroleerrohr dazu kaufen) ein Wort zu und das Kind darf den genannten Gegenstand aus mehreren anderen heraussuchen. Lassen Sie das Kind selbst in den Hörschlauch sprechen und gleichzeitig lauschen. Das klingt interessant und das Kind bekommt von sich selbst einen ganz besonders intensiven Höreindruck.

- Danach wählen Sie zunächst Bilderbücher mit vielen Bildern und wenig Text. Gut geeignet sind zunächst auch Bücher mit sich wiederholendem Text. Sie können auch die vorhandenen Bilderbücher selbst im Text so weit reduzieren, dass es dem momentanen Hörvermögen Ihres Kindes entspricht. Allmählich können Sie den Anspruch steigern, dabei ist aber immer das Kind maßgebend.

◄ *Auf sich selbst lauschen ist spannend.*

Es ist wichtig, dass das Kind bei der Verbesserung der Hörverarbeitung unterstützt wird. Neuere Forschungen haben gezeigt, dass die Hörverarbeitung im Vorschulalter ausschlaggebend für den späteren Lese- und Schreiberwerbsprozess ist.

Es ist also nicht richtig anzunehmen, dass das Vorlesen und das Singen von Liedern einfach nicht dem Interesse des Kindes entsprechen, und das Kind deshalb in dieser Richtung nicht mehr zu fördern. Dem Kind fehlt dann später die Kompetenz der Hörverarbeitung von Sprache.

Besteht die Gefahr, dass unser Kind eine Lese-Rechtschreibschwäche entwickelt?

Beim Lesenlernen ist es außer der Buchstabenkenntnis wichtig, dass das Kind die Bestandteile B – l – u – m – e – n – t – o – p – f zu einem Wort zusammenziehen kann. Da das Gehirn nur bis zu ca. sieben Einheiten im „Arbeitsgedächtnis" speichern kann, wird es nötig, ein längeres Wort in Silben gegliedert zu erlesen. Das Kind liest also Blu – men – topf. Auf diese Weise fällt auch die Sinnentnahme leichter. Dazu braucht das Kind aber ein Gefühl dafür, ein inneres Wissen darüber, was eine Silbe ist. Silben sind die rhythmischen Grundelemente der Sprache. Kinder erkennen den Sprachrhythmus schon sehr früh, vermutlich bereits nach der Geburt. Ob ein Kind bereits im Vorschulalter Wörter in Silben teilen kann (z. B. den eigenen Namen klatschen: „Su – san – ne" entspricht dreimal klatschen), scheint, entsprechend der aktuellen Forschung, eines der wesentlichen Merkmale zu sein für den späteren Erfolg des Schriftspracherwerbs in der Schule.

Beim Lesen und Schreiben müssen viele Prozesse reibungslos ineinander greifen.

Für das Schreiben muss das Kind den Lautfluss eines Wortes in seine Bestandteile zerteilen können. Es muss also erkennen können, dass in dem Wort „Schule" die Laute Sch – u – l – e enthalten sind. ‚Sch' ist ein Laut, obwohl er durch drei Buchstaben präsentiert ist. In der deutschen Sprache entspricht nicht jeder Laut genau einem Buchstaben und nicht jeder Buchstabe nur einem Laut. Der Buchstabe ‚z' steht für zwei Laute: ‚t' und ‚s'.

Bereits im Vorschulalter, mit ca. fünf Jahren, ist es dem Kind möglich, den Anlaut in Wörtern zu erkennen: „Hörst du ein ‚M' in Maus? Hörst du ein ‚O' in Ameise?" Das Wissen darum, dass Wörter aus einzelnen Lauten bestehen, und die Fähigkeit, den Anfangslaut der Wörter erkennen zu können, scheint für den Erfolg des Schriftspracherwerbs der zweite wesentliche Aspekt zu sein.

Beide Fähigkeiten, das Silbengliedern und das Anlauterkennen, sind ein Indiz für eine gute Hörverarbeitung beim Kind.

Auch wenn die zentrale Hörverarbeitung auffällig ist, ist dennoch das Hörorgan als solches normal funktionsfähig. Auch die Nervenleitung ins Gehirn ist intakt, sodass die Erregung, die durch ein Geräusch bzw. durch das Hören der Sprache erzeugt wird, im Gehirn ankommt. Dort wird sie aber nicht korrekt verarbeitet. Es ist vergleichbar mit unserer Hörverarbeitung, wenn uns ein Chinese ein Wort vorspricht in seiner Landessprache. Unsere Hörverarbeitung ist, was diese Sprachlaute betrifft, ebenfalls eingeschränkt. Wir werden also die Vorgabe nur annähernd imitieren können.

Hinweise für Auffälligkeiten in der zentralen Hörverarbeitung zeigen sich im Vorschulalter bei Kindern durch Lautfehlbildungen, wobei nicht bei jeder Lautfehlbildung eine eingeschränkte Hörverarbeitung die Ursache ist (siehe Seite 104 f.). Weitere Signale können eine sehr verwaschene Sprechweise und das unterschiedliche Aussprechen komplizierterer Wörter bei jeder Wiederholung sein (z. B. für „telefonieren" „telofrieren" und bei der nächsten Wiederholung „teflerieren"). Wenn Kinder nicht gern Geschichten vorgelesen bekommen und sich die Lieder aus dem Kindergarten nicht merken können bzw. an Liedern nicht interessiert sind, kann auch das ein Zeichen für eine auffällige Hörverarbeitung sein.

Wenn Sie Anzeichen erkennen, die auf eine auffällige Hörverarbeitung hinweisen, sollten Sie das Kind bei einem Logopäden / einer Logopädin zur Abklärung vorstellen.

Untersuchungen haben gezeigt, dass durch therapeutische Maßnahmen im Vorschulalter Defizite dieser Art sehr gut aufgeholt werden können.

Die Hörverarbeitung hängt sehr eng mit dem Erfolg bzw. Misserfolg des späteren Schriftspracherwerbs zusammen.

Sollen wir mit unserem Kind hochdeutsch sprechen?

Sprechen Sie mit Ihrem Kind so, wie Sie auch mit Ihrem Partner sprechen. Kinder, die eine altersgemäße Sprachentwicklung durchmachen, werden die Regeln der Sprache erlernen und ebenso die korrekte Artikulation der Laute. Jeder Dialekt orientiert sich am Hochdeutschen. In unserer Gesellschaft kommen Kinder früh mit Schriftdeutsch in Berührung (Bücher und Geschichten werden selten im Dialekt vorgelesen, im Kindergarten wird häufig hochdeutsch gesprochen).

Bei Kindern mit Problemen in der Sprachentwicklung, wie Dysgrammatismus oder Sprachverständnisproblemen, empfehlen wir den Eltern allerdings, auch zu Hause mit dem Kind hochdeutsch zu sprechen, um ihm ein eindeutiges, korrektes Sprechvorbild zu geben, das dem Sprachangebot von Kindergarten, Therapie und Schule entspricht.

Warum soll man an der Sprechfärbung nicht hören, wo ein Kind aufgewachsen ist?

Wir wollen unser Kind zweisprachig erziehen, worauf müssen wir achten?

Was für eine tolle Chance für Ihr Kind, von Anfang an zwei Sprachen erlernen zu können! Gerade in der sensiblen Phase für den Spracherwerb, bis ca. zum siebten Lebensjahr, fällt es dem Kind in der Regel sehr leicht, beide angebotenen Sprachen perfekt zu erlernen. Eine solche Zweisprachigkeit kann nur von Nutzen sein.

Es gibt zwei wesentlich unterschiedliche Bedingungen, die zur Zweisprachigkeit führen:

Natürlicher Zweitspracherwerb

Zum einen sind es Kinder von Eltern ausländischer Herkunft, die zu Hause mit der Muttersprache des Herkunftslandes aufwachsen und erst in der Umgebung, z. B. beim Einkaufen, Busfahren, im Schwimmbad usw., spätestens aber im Kindergarten, mit der Zweitsprache in Berührung kommen. Man spricht hier vom „natürlichen Zweitspracherwerb", da das Kind zunächst in der Familie die Muttersprache erwirbt und erst darauf aufbauend, durch den zunehmenden Kontakt mit der Umwelt, die zweite Sprache erlernt. Für das Gelingen der Zweisprachigkeit sind hier verschiedene Faktoren wichtig:
• Die besondere Situation dieser Kinder muss sowohl von deren Eltern als auch von den Erzieherinnen und anderen wichtigen Be-

zugspersonen, die die Zweitsprache repräsentieren, erkannt und geachtet werden.

- Die Muttersprache der ausländischen Eltern stellt eine Minderheit dar in der Gesellschaft, in der die Familie nun lebt. Häufig sind die Eltern noch voller Heimweh an ihr Herkunftsland gebunden. Vielleicht ist ihr Aufenthalt im fremden Land eine vorübergehende Notlösung und sie warten darauf, dass sie wieder zurückkehren können in ihre Heimat. Häufig sind sie aber auch aus einer bedrohlichen Situation schutzsuchend in das fremde Land gekommen und würden gern bleiben, aber es droht die Abschiebung. Leider erleben die ausländischen Familien in Deutschland immer noch Diskriminierung. Aus den angegebenen und verschiedenen anderen Gründen kann die Haltung der Eltern gegenüber der Landessprache und -kultur verhalten sein. Diese kritische Haltung wird das Kind wahrnehmen und es wird sich verunsichert fühlen.
- Manche Familien ausländischer Herkunft versuchen dagegen um jeden Preis, sich möglichst gut zu integrieren. Sie sprechen selbst die Fremdsprache und passen sich der Kultur des neuen Landes an. Hier wird das Kind diesen Bruch der Eltern mit ihrer Herkunft verunsichernd erleben. Dies könnte dazu führen, dass das Kind weder zu der Muttersprache der Eltern noch zu der Zweitsprache positive Gefühle entwickelt.
- In den Kindergärten hält sich die an sich wohlmeinende Auffassung, dass die Kinder nun, auch hinsichtlich der anstehenden Einschulung, die Landessprache erlernen müssten. Häufig werden die Kinder deshalb angehalten, im Kindergarten ausschließlich die Zweitsprache zu nutzen. Die Kinder erleben diesen Ausschluss ihrer Muttersprache aber als Nichtachtung ihrer Herkunft. Vielleicht werden sie gerade aus einem Loyalitätsgefühl ihren Eltern gegenüber die Zweitsprache nicht erlernen.

Wie können alle Beteiligten die Zweisprachigkeit der Kinder unterstützen?

Die beste Voraussetzung für das Erlernen beider Sprachen hat das Kind, wenn es sowohl von den Eltern als auch von den Bezugspersonen, die die zweite Sprache vertreten, spürt, dass beide Sprachen und beide Kulturen gleichermaßen geachtet und wertgeschätzt sind.

Kinder mit normaler Sprachbegabung lernen im Kontakt die Zweitsprache „wie von selbst".

Die Forschung zeigt, dass das Erlernen der Muttersprache keineswegs dem Erlernen der Zweitsprache entgegensteht. Vielmehr ist die Muttersprache die Basis, auf der die Zweitsprache erworben wird. Die Muttersprache ist in diesen Familien die „Herzenssprache". Das Erlernen der Muttersprache von den Eltern ist ein wesentlicher Aspekt der Bindung an sie und an deren Herkunft. Meist können die Eltern auch nur in der Muttersprache ein perfektes Sprachvorbild sein. Kinder brauchen das Angebot korrekter Sprache, um deren Strukturen und Regeln verlässlich zu erwerben und diese nutzbar zu machen für das Erlernen der zweiten Sprache.

Der frühe Kontakt mit der zweiten Sprache durch einheimische Sprecher ist für die Kinder förderlich. Wenn Eltern mit ihren Kindern z. B. Spielplätze besuchen, die von einheimischen Familien genutzt werden, werden ihre Kinder in Kontakt mit einheimischen Kindern kommen. Solche Freundschaften sollten von den Eltern beider Kulturen gesucht und unterstützt werden. Fallen bei Kindern ausländischer Eltern Sprachstörungen in der Zweitsprache auf, ist es notwendig, die Fertigkeiten des Kindes in der Muttersprache zu erfragen. Zeigt es auch hier mit vier Jahren, wenn die Sprachentwicklung abgeschlossen sein sollte, noch Auffälligkeiten, spricht man von einer doppelten Halbsprachigkeit. Es sollte dann zunächst die Muttersprache perfektioniert werden. Wenn die Sprachauffälligkeiten in der Muttersprache nicht sehr schwerwiegend sind, reichen Elternanleitungen durch einen Logopäden/eine Logopädin zur Unterstützung der Sprachentwicklung des Kindes aus. Sobald gravierende Sprachentwicklungsrückstände in der Muttersprache diagnostiziert werden, wäre eine logopädische Behandlung in der Muttersprache des Kindes ideal.

Doppelsprachigkeit

Völlig andere Bedingungen haben Kinder, die mit Eltern unterschiedlicher Herkunft aufwachsen, sodass sie beide Muttersprachen von Geburt an angeboten bekommen. Man spricht hier von Doppelsprachigkeit. Dabei ist es wichtig, dass die Sprachen jeweils an die jeweiligen Personen gebunden bleiben: Die deutsche Mutter spricht ausschließlich deutsch, der italienische Vater ausschließlich italienisch. Das Kind muss eine klare Trennung der Sprachen erfahren, damit es nicht zur Sprachenkonfusion kommt. Selbst wenn ein Elternteil die Sprache des anderen Elternteils perfekt beherrscht, sollte die klare Sprachentrennung im Umgang mit dem Kind beibehalten werden.

Wenn in einer solchen Situation eine massive Sprachentwicklungsverzögerung auftritt, ist eine sprachtherapeutische Unterstützung in der Sprache sinnvoll, die auch die Landessprache ist.

Unser Kind ist oft heiser, was sollen wir tun?

Manche Kinder hört man einfach immer – kein Wunder, wenn sie heiser sind.

Manche Kinder beanspruchen ihre Stimme anders als andere Kinder, sie sprechen immer ein bisschen lauter, ein bisschen angespannter. Es sind meist nicht die zurückhaltenden, vorsichtigen Kinder, sondern die tonangebenden, die viel zu erzählen haben. Es sind die Kinder mit den guten Spielideen im Kindergarten, die Kinder, die man beim Singen heraushört oder die mit Vorliebe über weite Entfernungen nach ihrem Freund rufen.

Der Stimmklang ist heiser, rau, angestrengt, man hat das Gefühl, sich für das Kind räuspern zu müssen, damit die Stimme wieder klar wird. Auch die Tonhöhe kann verändert klingen, manchmal dünn und hoch, manchmal tief und unkindlich.

Man spricht hier von einer kindlichen Stimmstörung, einer hyperfunktionellen Dysphonie. Die Stimmlippen im Kehlkopf, feine Muskeln, die für die Stimmerzeugung verantwortlich sind, werden überbeansprucht. Oft ist die Muskulatur des gesamten Körpers angespannt, die Atmung wirkt mühsam. Das Kind setzt seine Stimme ein, indem es mit zu viel Kraftaufwand spricht. Manchmal werden durch die Anspannung die Venen am Hals sichtbar. Manchmal kann das Kind am Abend nach einem „stimmgewaltigen" Tag nur noch flüstern.

In einem solchen Fall ist es wichtig, einen Hals-Nasen-Ohren-Arzt aufzusuchen. Er hat die Möglichkeit, den Kehlkopf zu untersuchen

116

und festzustellen, wie sich die Stimmlippen bewegen, wie sie schwingen. Er kann auch feststellen, ob sich durch eine gewohnheitsmäßige Überbeanspruchung der Stimme auf den Stimmlippen so genannte Stimmlippen- oder Schreiknötchen gebildet haben. Das sind stecknadelkopfgroße Verhärtungen an den Kanten der Stimmlippen. Knötchen verändern das Schwingungsverhalten der Stimmlippen und führen meist dazu, dass das Kind noch mehr Druck einsetzt, um die Stimme regelrecht herauszupressen.

Manchmal wird zu einer operativen Entfernung der Knötchen geraten. Diesem Rat sollte man mit Vorsicht begegnen, da diese Operation an den Stimmlippen kleine Narben zurücklässt, die ihrerseits das Schwingungsverhalten beeinträchtigen können. Außerdem ist mit einer Operation die Ursache der Knötchen nicht behoben. Ohne eine Veränderung des Stimmgebrauchs besteht die Gefahr, dass sich erneut Stimmlippenknötchen bilden.

Mit der richtigen Stimmtechnik hat Tarzan keine Knötchen. ▶

Es ist natürlich auch nicht sinnvoll, dem Kind lautes Sprechen, Schreien oder Singen zu verbieten.

Vielmehr ist es wichtig, dem Kind durch eine logopädische Behandlung einen entspannteren, weicheren Stimmgebrauch nahe zu bringen. Elternanleitung und -beratung sind ein wichtiger Bestandteil einer Therapie. Hier wird z. B. der Frage nachgegangen, wie viel Stimmkraft ein Kind tatsächlich einsetzen muss, um sich zu Hause Gehör zu verschaffen, oder wie laut der häusliche Umgangston ist.

Die logopädische Therapie wird umso spielerischer aufgebaut sein, je jünger das Kind ist.

Sollen wir unser Kind verbessern, wenn es etwas falsch sagt?

Das ist eine sehr wichtige Frage, die meist aus der Erfahrung heraus gestellt wird, dass solche Verbesserungssituationen häufig zu einem unguten Gefühl zwischen Eltern und Kind führen.

Am besten ist es, das Gesagte einfach korrekt zu wiederholen.

Eltern unterstützen ihr Kind am besten, wenn sie sprachlich dort ansetzen, wo das Kind mit seinen Fähigkeiten gerade steht, und seiner Entwicklung einen kleinen Schritt voraus sind.

Beispiele:
Hannes, zehn Monate: „Aababababaa."
Mutter: „Bababa, ja, Papa, sagst du Papa? Ja dein Papa kommt bald."

Anna, zwei Jahre: „Bär auch essen!"
Mutter: „Ach, der Bär isst auch. Stimmt, er hat auch Hunger. Er isst auch."

Diese Form der Unterstützung setzt Entwicklungsimpulse beim Kind in Gang; sie dient ihm als Vorbild und regt es an, den nächsten Entwicklungsschritt zu gehen: Sobald Sie sich die Zeit zum Kontakt mit Ihrem Kind nehmen, mit der Bereitschaft, es auch immer wieder ein bisschen neu kennen zu lernen, da es sich ja in Windeseile fortentwickelt, werden Sie Ihrem Kind quasi automatisch das „Richtige" bieten.

Wenn das Kind beim Sprechen Fehler macht, sollte die Verbesserung in Form eines *„Corrective feedback"* (korrigierte Rückmeldung) erfolgen. Das bedeutet, dass Sie die Aussage korrekt wiederholen und die verbesserte Stelle leicht betonen.

Eventuell wiederholen Sie die korrigierte Form dann nochmals, sodass das Kind mehrfach den richtigen Höreindruck gewinnt. Manchmal wiederholen die Kinder selbst die korrigierte Version. Wenn sie es nicht tun, werden sie dazu auch nicht aufgefordert.

„Ich Ananas!"
„Ah, du kaufst eine Ananas!"

Beispiel 1: *Korrektur, die die Lautbildung betrifft*
Lena: „Die Tuh tommt mit dem Vodel auf den Topf."
*Mutter: „Lustig! Ja, die **K**uh **k**ommt und hat den Vo**g**el auf dem **K**opf. Was macht bloß der Vo**g**el auf dem **K**opf der **K**uh?"*

Beispiel 2: *Korrektur, die die Satzbildung betrifft*
Leo: „Die Kuh Kopf Vogel sitzen!"
Vater: „Wie? Der Vogel sitzt auf dem Kopf der Kuh? Richtig! Der Vogel sitzt auf dem Kopf. Komisch, der Vogel sitzt nicht hier im Nest. Der Vo-

gel sitzt auf dem Kuhkopf. Sitzt auf dem Kopf des Pferdes auch ein Vogel?"

Beispiel 3: **Korrektur, die die Laut- und die Satzbildung betrifft**
Malena: „Is suh hab!"
Oma: „Du hast Schuhe? Ich auch. Ich habe auch Schuhe! Du hast schöne Schuhe. Du hast rote Schuhe und ich habe schwarze Schuhe."

Wichtig ist dabei eine angemessene Anforderung. Wenn Sie als Eltern das Ziel haben, Ihr Kind sprachlich optimal zu fördern, sollten Sie die Entwicklung in kleinen Schritten verfolgen – ähnlich der Strategie, die im folgenden Witz empfohlen ist:
    Frage: Wie isst man einen Elefanten?
    Antwort: Einen Bissen nach dem anderen.

Gerade Eltern mit hoher Schulbildung neigen manchmal dazu, ihren Kindern zu früh zu schwierige Wörter und Satzkonstruktionen anzubieten, sie mit zu komplexen Erklärungen zu überfordern. Was gut gemeint ist, wirkt sich eher sprach- und sprechhemmend aus. Das Kind spürt, dass es den Erwartungen der Eltern nicht genügen kann, und reagiert möglicherweise mit resigniertem Rückzug. Nur sprechfreudiges Üben erweitert aber die Kompetenzen des Kindes.

Kann unser Kind ambulant logopädisch behandelt werden oder sollen wir uns an eine Sprachheileinrichtung wenden?

In einer logopädischen Praxis wird Ihr Kind ein- oder mehrmals pro Woche behandelt. Jede Sitzung dauert normalerweise 45 bis 60 Minuten und wird in Einzel- oder, wenn es sinnvoll erscheint, in Kleingruppentherapie durchgeführt. Dies ermöglicht ein intensives und individuelles Eingehen auf Ihr Kind und seine Schwierigkeiten.
    Ein Elternteil kann entweder während der Behandlung anwesend sein oder wird am Ende über den Ablauf der Stunde und, falls notwendig, über die „Hausaufgaben" informiert. Außerdem werden re-

gelmäßig Gespräche mit den Eltern durchgeführt, um die Zusammenarbeit zwischen Elternhaus und Logopäden/Logopädin zu gewährleisten und individuelle Probleme und Sorgen besprechen zu können. Das ist gerade bei Vorschulkindern wichtig.

Eine ambulante, logopädische Therapie ermöglicht es dem Kind, in seiner gewohnten sozialen Umgebung zu bleiben: Beziehungen zu Kindern, die keine Auffälligkeiten in ihrer Sprachentwicklung haben, bleiben erhalten. Freundschaften in der Nachbarschaft und im Kindergarten können gepflegt werden. Das Kind ist integriert in den Tagesablauf der Familie.

In einer Sprach-heileinrichtung verbringt das Kind den ganzen Tag.

Sprachheileinrichtungen, z. B. in Form von Sprachheilkindergärten, nehmen Kinder meist ganztägig auf. Das bedeutet, die Kinder werden morgens abgeholt und kommen am späten Nachmittag wieder nach Hause. Die Gruppengrößen liegen unter denen der öffentlichen Kindergärten. Die Förderung der einzelnen Kinder ist in den Tagesablauf integriert und findet selten in Einzelsitzungen statt. Da Sprachheilkindergärten meist an Sprachheilschulen angegliedert sind, gelten die Schulferien. Es findet dann auch keine Förderung statt.

Der Zeitaufwand ist für Eltern sicher größer, wenn die Behandlung in einer logopädischen Praxis durchgeführt wird. Lässt die Familiensituation es nicht zu, ambulante Behandlungs- und Beratungstermine regelmäßig und zuverlässig wahrzunehmen, so ist die Anmeldung in einem Sprachheilkindergarten eine sinnvolle Alternative. Die ganztägige Betreuung bietet den Kindern einen stabilen, einheitlichen Tagesablauf.

Gerade für die Behandlung von Vorschulkindern ist die intensive, begleitende Elternberatung von großer Wichtigkeit. Eltern müssen den aktuellen Stand der Therapie kennen, nur so können sie als kompetente Partner die Behandlung ihres Kindes unterstützen und begleiten. Eltern sollten selbst Experten für die Sprach- oder Sprechstörung ihres Kindes werden können. Daher sollten sie sich vor Behandlungsbeginn darüber informieren, in welchem Maße sie in eine Therapie einbezogen werden und ob regelmäßige Gesprächstermine mit dem behandelnden Therapeuten/der Therapeutin ihres Kindes vorgesehen sind.

Kinder und Medien

Kinder wachsen heute wie selbstverständlich hinein in unsere Medienwelt. Doch die Eltern sind oft verunsichert, wie viel Fernsehen, wie viel Computerspielen sie ihren Kindern erlauben sollen und welche Auswirkungen die Medien auf die Kinder haben.

Ist Fernsehen schädlich?

Die Zeit, die ein Kind vor dem Fernseher verbringt, kann es nicht dazu nutzen, eigene Erfahrungen zu machen, etwas zu erleben und sprechen zu lernen.

Vorschulkinder verbringen im Durchschnitt zwei Stunden täglich vor dem Fernseher, manche bringen es auf fast vier Stunden.

Bis zu vier Stunden täglich! Keiner anderen Tätigkeit, außer dem Schlafen, widmen Kinder so viel Zeit.

Es soll hier nicht um eine ideologische Auseinandersetzung mit dem Thema „Fernsehen" gehen, sondern um die Frage, welchen Einfluss Fernsehkonsum auf die Sprachentwicklung von Kindern hat.

Kinder lernen sprechen im handelnden Auseinandersetzen mit Menschen, Gegenständen, Situationen. Sie sind aktive, bewegungs- und experimentierfreudige Menschen, die die Welt begreifen müssen, um Begriffe zu erlangen, d. h. ihren Wortschatz zu erweitern.

Fernsehen kann diesen Rahmen, diese Auseinandersetzung nicht bieten, ganz im Gegenteil: Die Bilderfolge ist schnell, man kann sie nicht beeinflussen, nicht anfassen, nicht aufhalten. Der Ablauf hat plötzliche zeitliche und räumliche Sprünge. Bewegung spielt sich vor den Augen des Kindes ab, aber der eigene Bewegungsdrang wird unterdrückt und findet anschließend vielleicht ein Ventil in Zappeligkeit und Unruhe. Es ist erwiesen, dass Kinder, die viel fernsehen, einen eingeschränkten Wortschatz haben. Die gehörten Wörter und die gesehenen Bilder können nicht so gut im Gehirn verankert werden wie die Begriffe, die durch aktives Handeln und Sich-Auseinandersetzen erworben werden.

Fernsehen erfordert nicht, mit jemandem ins Gespräch, in Kommunikation zu treten, im Gegenteil: Wer beim Fernsehen dazwischenredet, wird entweder von den anderen Zuschauern zum Schweigen gebracht oder er sitzt schließlich allein vor dem Apparat. Ein guter Fernsehzuschauer ist ein stiller Fernsehzuschauer.

Gemeinsam ein Bilderbuch zu betrachten oder etwas zu erzählen ist immer eine Kommunikationssituation, die dem Kind vermittelt: Jetzt nehme ich mir Zeit nur für dich, du bist wichtig für mich. Mich interessiert, was du dazu meinst.

Eine vorgelesene oder erzählte Geschichte ermöglicht das Verweilen an einer besonders interessanten Stelle. Das Kind erzeugt beim Vorlesen – angeregt durch Sprache – eigene Bilder, sogar die ganze Geschichte, in seinem Kopf; dies ist ein aktiver Vorgang des Sich-Aneignens. Es hat Raum und Zeit für eigene Vorstellungen und Ideen, die es mitteilen kann. Das Kind kann nachfragen und ergänzen.

Johanna (vier Jahre) kannte das Märchen von „Aschenputtel" bereits vom Erzählen, als sie es in einer Zeichentrickversion im Fernsehen anschauen durfte. Nach kurzer Zeit wandte sie sich empört an die Mutter, das sei die falsche Geschichte, so würde Aschenputtel nicht aussehen und überhaupt ginge die Geschichte ganz anders.

Die fertigen Bilder im Film entsprachen nicht Johannas eigenen Bildern.

Eltern wählen beim Erzählen unbewusst einen Sprachstil, der der Sprachentwicklung ihres Kindes entspricht bzw. dieser einen Schritt voraus ist.

Die Sprache des Fernsehens kann dies nicht, im Gegenteil: In vielen beliebten Kindersendungen verständigen sich die Plüsch- oder Monsterprotagonisten in reduzierten, zum Teil unsinnigen und schlichtweg falschen Laut- und Wortreihen. Sinnvolle verbale Kommunikation ist gar nicht nötig, weil die „Handlung" aus beliebig austauschbaren Sequenzen besteht, in denen gehopst, gewinkt oder gekämpft wird.

> Kinderzeit ist wertvolle Zeit, die Kinder für ihre Entwicklung brauchen und zur Verfügung haben sollten. Übermäßiger und unbedachter Fernsehkonsum stiehlt Kindern diese Zeit, ohne ihnen wichtige Erfahrungen zu ermöglichen. Kinder unter vier Jahren werden durch Fernsehen generell überfordert.

Sind Kassetten empfehlenswert?

Lieder und Geschichten auf Kassetten und CDs gehören inzwischen zum selbstverständlichen Alltag unserer Kinder. Nahezu jeder Fünfjährige kann den Recorder bedienen.

Das Angebot an Kassetten und CDs ist riesig und kaum überschaubar. Kassetten sind ideale Geschenke: erschwinglich, beliebt, die Auswahl ist beinahe unbegrenzt.

Oft sind unserer Erfahrung nach die Angaben, ab welchem Alter Geschichten geeignet sind, zu niedrig angesetzt. Deshalb ist es sinnvoll, wenn Eltern vorab in die Kassetten hineinhören, um festzustellen, ob das Angebot ihrem Kind gerecht wird.

Kassetten mit Geschichten überfordern die Aufmerksamkeit eines Kindes im Vorschulalter. Sie fordern eine hohe Gedächtniskapazität, da das Angebot ausschließlich verbaler Art ist und nicht durch Bilder unterstützt wird. Das Sprechtempo ist meist zu schnell.

Beim Vorlesen kann man sich am Kind orientieren. Man hält immer wieder inne, kann bestimmte Passagen besprechen und unbekannte Wörter erklären. Es ist möglich, die Geschichte abzukürzen, wenn man die Konzentrationsgrenze des Kindes spürt. Dies ist bei Kassetten nicht möglich.

Häufig werden Kassetten als Hintergrundberieselung während einer anderen Beschäftigung gehört. Damit wird eine intensive ausschließliche Beschäftigung des Kindes mit einem Lerngegenstand behindert. Es ist ein Einstieg in die Art und Weise des „erwachsenen" Vorgehens: viele Dinge gleichzeitig, aber alles mit geteilter Konzentration zu tun.

Auf langen Autofahrten können Kassetten segensreiche Errungenschaften sein, die für die ganze Familie Kurzweil und Abwechslung bieten können. Lieblingslieder werden gemeinsam lautstark mitgesungen oder über eine gemeinsam angehörte Geschichte kann anschließend gesprochen werden.

Oft ist es verlockend, Kinder auf einer Autofahrt Kassetten über Kopfhörer anhören zu lassen. Die Kinder sind still und man kann ungestört reisen. Eine Gefahr dabei ist jedoch, dass die Lautstärke von außen nicht kontrolliert werden kann. In der Regel werden dabei die Kassetten, seien es Lieder oder Geschichten, zu laut gehört; dadurch kann das Gehör geschädigt werden. Kinder im Vorschulalter sollten Kassetten immer im Freifeld hören und nicht über Kopfhörer.

Ein Spaß für Kinder ist es, selbst eine Geschichte auf Kassette zu erzählen oder Lieder aufzunehmen. Die meisten Kassettenrecorder verfügen über ein eingebautes Mikrofon.

Der kindlichen Fantasie sind dabei keine Grenzen gesetzt. Mit anderen zusammen eine Geschichte zu wählen, zu erfinden, zu spielen, aufzunehmen und immer wieder anzuhören fördert die Kommunikation, die Sprechfreude, die Sprachgeschicklichkeit und nicht zuletzt das Selbstbewusstsein.

Computer – ja oder nein?

Wir wollen hier nicht die Frage erörtern, ob es pädagogisch sinnvoll ist, wenn sich Kinder mit dem „Computer beschäftigen", sondern wir wollen die Auswirkungen dieser Beschäftigung auf die kindliche Sprachentwicklung bis zum Schulalter betrachten.

Vorschulkinder beschäftigen sich am Computer in der Regel mit Computerspielen (dazu zählen wir auch Videospiele und elektronische Spiele im Taschenformat) oder mit multimedialen Lernanwendungen bis hin zu speziellen Lernprogrammen. Nützt diese Beschäftigung der Sprachentwicklung?

Sprechenlernen ist ein Weg, der Entwicklung und Unterstützung in vielen Bereichen erfordert – Bereiche, die sich ergänzen und in ihrer Vielschichtigkeit zusammenwirken müssen.

Machen wir uns bewusst, wie Sprechenlernen vor sich geht:
- Sprechen wird durch den unmittelbaren Kontakt zu einer zugewandten Person gelernt.
- Grammatische Fähigkeiten vervollkommnen sich durch einen Prozess des Fragens und Antwortens.
- Die Fähigkeit zur Unterhaltung entwickelt sich dabei, da das Kind sich mit seiner nächsten Frage auf die Aussage des Gesprächspartners bezieht.
- Das gemeinsame Spiel der Kinder, das Vorausplanen und Absprechen der nächsten Spielsequenz fördern und erweitern die sprachlichen Fähigkeiten.

- Das Kind spielt mit Sprache, erfindet Quatschwörter, erzählt Witze und schult seine Argumentationsfähigkeit.
- Es nützt nichts, richtige Sätze nachsprechen zu lassen, sondern es ist notwendig, dass das Kind die Regeln der Sprache begreift.
- Das Kind muss spüren: „Was ich sage, ist wichtig und interessant."
- Die Handlungen werden vom Kind und den Eltern sprachlich begleitet.
- Die Vielfalt des kindlichen Wortschatzes hängt in bedeutendem Maße von der Vielfalt der Erfahrungen ab, die ein Kind handelnd mit den Dingen machen kann.

Die Beschäftigung mit dem Computer unterstützt die Sprachentwicklung nicht. Es ist uns keine Spiel- oder Lernsoftware bekannt, die diese Kriterien erfüllt. Die Frage, ob ein Computer die Sprachentwicklung eines Vorschulkindes fördert, können und wollen wir damit mit einem klaren „Nein" beantworten.

Schlusswort

Liebe Leserin, lieber Leser,

aufgrund unserer langjährigen Erfahrungen in der logopädischen Praxis haben wir versucht, Antworten zu geben auf die Fragen, die uns am häufigsten gestellt werden. Falls bei Ihnen noch Fragen offen geblieben sind oder wenn Sie uns Ihre Meinung zu dem Buch sagen möchten, freuen wir uns, wenn Sie sich an uns wenden. Sie helfen uns damit, das Buch optimal zu gestalten. Wir hoffen, dass wir

- Ihnen Anregungen geben konnten, wie Sie Ihr Kind spielerisch in der Sprachentwicklung fördern können,
- Sie für den Bereich Sprech- und Sprachentwicklung faszinieren konnten,
- um Ihr Verständnis für das Kind werben konnten, falls es sich nicht im normalen Rahmen entwickelt,
- Sie ermutigen konnten, in diesem Fall fachliche Hilfe in Anspruch zu nehmen.

Denn nur wenn Kinder sich verstanden fühlen, entwickeln sie Selbstbewusstsein und Selbstvertrauen, fühlen sich integriert in die Gemeinschaft und äußern sich mit all ihren Bedürfnissen.

Weiterführende Literatur

Austermann, M. / Wohlleben, G.: Die pfiffige Murmelbahn. Kösel, 2. Aufl. 1993

Austermann, M. / Wohlleben, G.: Zehn kleine Krabbelfinger. Kösel, 19. Aufl. 2001

Ayres, A. J.: Bausteine der kindlichen Entwicklung. Springer, 1994

Ballhausen, I.: Will mein Kind mich ärgern? Südwest, 3. Aufl. 1995

Bruner, J.: Wie das Kind sprechen lernt. Hans Huber, 1993

Butzkamm, W. und J.: Wie Kinder sprechen lernen. A. Francke, 1998

Dietenmeier, M.: Stellen Sie sich vor, Sie betrachten ein Fußballspiel und sind der Regeln nicht kundig – Der systemische Ansatz in der sprachtherapeutischen Arbeit. In: doppelpunkt (Hrsg.): Sprach-, Sprech- und Stimmstörungen. von Loeper Literaturverlag, 2001

Elschenbroich, D.: Weltwissen der Siebenjährigen. Antje Kunstmann, 2001

Flehmig, I.: Normale Entwicklung des Säuglings und ihre Abweichungen. Thieme, 6. Aufl. 2001

Gauch, C.: Die Macht der Zärtlichkeit. AT Verlag, 4. Aufl. 1996

Hansen, D.: Spracherwerb und Dysgrammatismus. Ernst Reinhardt, 1996

Kast-Zahn, A.: Jedes Kind kann Regeln lernen. Oberstebrink, 1997

Largo, R. H.: Babyjahre. Piper, 16. Aufl. 2002

Liedloff, J.: Auf der Suche nach dem verlorenen Glück. C. H. Beck, 416. bis 425. Tsd. 2001

Montagu, A.: Körperkontakt. Klett-Cotta, 9. Aufl. 1997

Neumeyer, A.: Mit Feengeist und Zauberpuste. Lambertus, 2000

Nilsson, L.: Ein Kind entsteht. Mosaik, 1990

Oerter, R. / Montada, L. (Hrsg.): Entwicklungspsychologie. Beltz, 5. Aufl. 2002

Papousek, M.: Vom ersten Schrei zum ersten Wort. Hans Huber, 1998

Pikler, E.: Lasst mir Zeit – Die freie Bewegungsentwicklung des Kindes bis zum Stehen. Pflaum, 2. Aufl. 2001

Pousset, R.: Fingerspiele und andere Kinkerlitzchen. rororo, 2001

Schneider, V.: Baby-Massage – Praktische Anleitung für Mütter und Väter. Kösel, 2002

Seyd, W.: Sprache und Bewegung. Neckar Verlag, 5. Aufl. 1988

Stengel, I. / Hude v. der, L. / Meiwald, V.: Sprachschwierigkeiten bei Kindern. Klett-Cotta, 11. Aufl. 2002

Szagun, G.: Sprachentwicklung beim Kind. Beltz, 6. Aufl. 1996

Zimmer, K.: Das Leben vor dem Leben. Kösel, 4. Aufl. 1992

Zimmer, K.: Das wichtigste Jahr. Kösel, 5. Aufl. 1996

Zimmer, K.: Schritte ins Leben. Kösel, 2. Aufl. 1992

Zollinger, B. (Hrsg.): Kinder im Vorschulalter. Paul Haupt, 2. Aufl. 2000

Zollinger, B.: Die Entdeckung der Sprache. Paul Haupt, 4. Aufl. 1999

Zollinger, B.: Wenn Kinder die Sprache nicht entdecken. Paul Haupt, 2000